批判されても己の道をゆく

落合博満の言葉

桑原晃弥

自分の頭で考えながら成長する

落合博満の選手、監督としての成績は素晴らしいものがあります。選手としては20年間（1979年〜1998年）の現役生活で首位打者5回、本塁打王5回、打点王5回を獲得。史上最多となる三度の3冠王に輝いています。通算成績は2236試合、2371安打、510本塁打、1564打点で通算打率も・311と、まさに「史上最高の右打者」にふさわしい成績を残しています。また、監督としても8年間（2004年〜2011年）の在任期間中、すべてAクラス入りを果たし、四度のリーグ優勝と一度の日本一を達成しています。まさに「名選手にして名監督」ですが、その野球人生は順風満帆ではありませんでした。

秋田県に生まれた落合は小学生の頃から野球を始め、潟西中学時代にはエースで四番を任されるほどでした。実業団チームの助っ人として登板、完封勝利をあげるほどの才能を発揮します。当然、県内の有力高校から声がかかりますが、将来のことを考え、建築科のある秋田工業高校への進学を決めました。入学してすぐに四番を任された落合ですが、順調だったのは1年生の春の地区大会まで。

上級生による嫌がらせや制裁に嫌気がさした落合は、練習をさぼって映画館に入り浸るようになります。それでも大会が近づくと野球部の部長に呼ばれ、試合に出ては活躍するという、何とも奇妙な高校生活を送っています。野球の才能は圧倒的でしたが、卒業後も野球を続ける気はない、というのが当時の心境でした。

落合は東洋大学に進学しますが、練習中のケガなどもあり、入学から数カ月も経たないうちに退学。故郷の秋田に帰り、ボウリング場のアルバイトをします。一時は本気でプロボウラーを目指した落合ですが、「20歳になるまでに定職に就きたい」と考え、東芝府中に就職。この会社で再び野球を続けることになります。

昼間は工場で働き、練習は就業後。都市対抗に出場したこともないチームでしたが、落合は当時のことを「指導者に恵まれたこともあって、野球が面白くてしょうがなかった」と振り返っています。

四番打者としてチームを初の都市対抗出場に導いた落合は、やがて全日本の四番を打つほどに成長。78年のドラフトでロッテに指名され、プロ野球選手となります。「プロになるなら24歳まで」と言われていた時代、25歳と遅いスタートでした。

それから2年、落合は一軍と二軍を行ったり来たりします。理由のひとつは監督だった山内一弘の指導を拒否したことでした。

熱心に指導されればされるほど打球が飛ばなくなった落合は、「もう指導するのはやめてください」と直訴し、独自の打撃フォームを求めて試行錯誤を繰り返します。

落合の基本は「見て、学び、考える」ところにあります。

チームの先輩である土肥健二の打ち方を参考に「神主打法」と呼ばれる打撃フォームをつくり上げ、入団3年目に初のタイトルとなる首位打者を獲得。翌年には3冠王を獲得して、その地位を確かなものとします。

こうした経験は、やがて中日監督となった落合の指導に活かされています。

監督に就任した1年目、落合は春季キャンプの初日から紅白戦を行いました。

当時の球界の常識では、キャンプで少しずつ体をつくり、後半から紅白戦へと進むのが常でしたが、落合はいきなり実戦形式の実施を宣言したのです。結果、選手たちは、「実戦で戦えるようにどう仕上げるか」を自分自身で考えることになったのでした。

当初、批判の多かった「オレ流」でしたが、1年目にリーグ優勝したことで批判の声は消え、落合は中日の黄金時代を築くことになります。

落合は才能には恵まれていたものの、決して野球エリートではありません。挫折を経験し、試行錯誤しながら類まれなバッティング技術を身につけてきました。人に「教えられる」のではなく、「自分で考える」ことによって、ゆっくりと、しかし着実に成長を遂げてきたのです。

本書に掲載した言葉は、そんな落合がアマチュア時代から監督時代まで、折にふれて話し、書いてきたものです。野球に関する言葉が中心ではありますが、「挫折や逆境の中で己を貫く」ことや、「高すぎる目標を掲げて努力する」ことの大切さを教えてくれるものばかりです。いずれも今という厳しい時代を生きるみなさまの支えとなるのではないでしょうか。

最後になりましたが、本書の執筆と出版には、リベラル社の伊藤光恵氏、仲野進氏にご尽力いただきました。感謝申し上げます。

桑原　晃弥

第一章 リーダーとしての力を身につける

第二章 最強の人材を育てるために

第三章 真のプロフェッショナルになるために

第四章 前人未到の記録を残すために

第五章 「落合博満」という生き方

第六章 落合博満はこう考える

WORDS OF HIROMITSU OCHIAI

第一章

リーダーとしての力を身につける

WORDS OF HIROMITSU OCHIAI 01

責任はすべて自分にあると言い切る

責任転嫁してしまう人には、組織のトップ＝監督は務まらない

▼『決断＝実行』

ビジネスの世界で問題が起きたとき、現場に責任を押し付け、「決して組織ぐるみではない」と自らの責任を回避しようするトップがいます。それは正しい考え方でしょうか？

もちろん大企業のトップが現場の隅々まで把握するのは難しく、すべてを管理監督できるわけではありません。

しかし「自分には責任がない」ことを強調しすぎるのは、ややいきすぎのような気がします。

落合博満は中日の監督時代、「勝てば選手のおかげ。負ければ監督の責任」と言い続けています。落合によると、これは選手を鼓舞しようとか、チームの団結力を醸成するための「方便」ではなく、「チームを預かる者としての偽らざる本音」だったといいます。

監督やコーチのなかには「あそこでエラーがなければ」「あそこで1本出ていれば」と選手のプレーに敗因の責任を求める人もいます。

確かにそうかもしれませんが、落合はその選手を起用したのも監督なら、その選手をきちんと指導していなかったのも監督やコーチの責任と考えます。

上に立つ人間は、決して他に責任転嫁をしてはいけないのです。

WORDS OF HIROMITSU OCHIAI 02

異能の人を集めてこそ最高の成果につながる

自分にない色（能力）を使う勇気が、絵の完成度を高めてくれる

▼『采配』

「類は友を呼ぶ」という言葉があるように、人はとかく自分と似た人間、自分のことを慕ってくれる人間と親しくなる傾向があります。

　プライベートならそれでいいのでしょうが、企業などの組織を率いる場合、「自分と同じなら必要ない」と、気の合う人間とは組まないと決めていたのがホンダの創業者・本田宗一郎です。目的達成には人それぞれの個性、異なった持ち味を活かすべきという考えでした。

　落合博満は「俺にはブレーンも友人もいない」と話しているように、中日の監督就任に際して、「仲間」をコーチとして連れてくるようなことはしませんでした。

　代わりに「この人間なら任せられる」という人材をピックアップし、年俸交渉を含めてすべてを自分で行ったのです。

　なかでも深い信頼関係を築くことになったのが、投手コーチの森繁和です。

　落合が評論家時代、ダイエーの根本陸夫から「森繁和ってバカは、お前みたいなのが使うと面白いよ」と言われて以来、頭にあったといいますが、親友でもない人間に「任せた」からこそ勝てるチームになったのでしょう。信頼をベースに、多様な経験や個性が集まってこそ最高の成果が望めるのです。

WORDS OF HIROMITSU OCHIAI 03

勝つためにはより確率の高い方を選べ

勝負ごとは、勝たなければ意味がないという原則にあてはめると、打ち勝つ野球には、限界がある

▼『勝負の方程式』

落合博満は3冠王を3回も獲得したほどの強打者です。ピンチを迎えたピッチャーのところに行き、「俺が打つから踏ん張ってくれ」と声をかけ、約束通り打って点を取るような打者でした。そのため、監督になれば打ち勝つ野球を目指すだろう。誰もがそう予想したのです。

ところが中日の監督に就任した落合が実行したのは、投手を中心とした守り勝つ野球でした。

監督時代、こう話しています。

「点を取れなくても、投手がゼロに抑えれば負けることはないんだ」

「打つことは良くても3割だ。でも、守りは10割を目指せる。勝つためにはいかに点をやらないかだ」（ともに『嫌われた監督』）

落合によると、選手時代がそうであったように、打ち勝つ野球はそれなりに面白いといいます。バッティングには華があり、チーム全体が火の玉になるような空気感は選手を奮い立たせます。

しかし、長いペナントレースを戦い抜くには打つだけでは難しく、監督になった落合は「点をやらない野球」を目指しました。

頭を使えば「守り」で攻めることもできるのです。

WORDS OF HIROMITSU OCHIAI 04

個々の力の総和が組織の力となる

目立った戦力補強はせず、選手一人ひとりの実力を10〜15%アップさせて日本一になる

▼『采配』

落合博満が中日の監督に就任した際、最も驚かれた考え方が「戦力補強はせず、選手一人ひとりの実力を10～15%アップさせて日本一になる」でした。

この考え方は球界の常識から外れたものだっただけに、かつて中日で投手として活躍した山本昌によると、選手の間でも「補強しないの？」という疑問があったといいます。彼の正直な感想は「ぶち上げたなあ」でした。

一方で落合の言葉は「すべての選手にチャンスがある」ことを意味していました。新監督のもと、「自分はどうなるのか」と不安を感じていた選手を安心させ、士気を高めることになったのも事実です。

落合はなぜ、「補強なしの日本一」という自分で自分の首を絞めるような発言をしたのでしょうか？　理由は、選手一人ひとりが自分で考え、トレーニングを積み、早い時期に「いつでも本番で戦える」状態になることでした。

落合によると、レギュラーを獲得するには自分で自分を成長させていくことが必要だといいます。

すべての選手がそういった意識で取り組めばチームは必ず強くなります。一人ひとりが成長すれば、自ずと組織の総和も高まることになるのです。

WORDS OF HIROMITSU OCHIAI 05

「できること」より「できないこと」を知れ

自分ができたことを伝えるのではなく、
自分ができなかったことを勉強する

▼『決断＝実行』

落合博満は選手時代、ロッテ、中日、巨人、日本ハムといくつもの球団で活躍しました。それだけに、多くの監督やコーチを見てきています。

選手時代に出した著書『勝負の方程式』の中で、失敗する監督についてこう書いています。

「ピッチングにしろ、バッティングにしろ、あれもこれもと首を突っ込んでいく監督はほとんど志半ばで挫折している」

ピッチャーのことも、バッターのことも、守備のこともすべて自分でやらないと気がすまないタイプの人が監督になると、芳しい結果は得られません。それゆえ、「餅は餅屋に任せるべき」というのが落合の考え方でした。

だからこそ、落合は中日の監督になったとき、プロで経験したことのない投手の分野に関しては、森繁和をはじめとする投手コーチに任せていました。余計な口出しはせず、最終的な責任は監督がとる、という考え方です。

とはいえ、監督である以上、知らないこと、できないこと、経験していないことについても勉強し、見る目を養い、自分で判断できるようにしようと心掛けてもいました。任せることは、決して丸投げと同じではないのです。

WORDS OF HIROMITSU OCHIAI 06

まずは一人ひとりの実力を強化する

チームのことなんて考えなくていい。自分の数字を上げることだけを考えろ

▼『嫌われた監督』

落合博満が中日の監督時代にナインによく言っていたのが「誰かのために野球をやるな」「球団のため、監督のため、そんなことのために野球をやるな。自分のために野球をやれ」でした。

「チームのためではなく自分のため」というのは、「いかにも落合らしい」と言われましたが、監督に就任する6年前の1998年に刊行された自著『野球人』を読むと、それが理にかなった考え方だとわかります。

落合は、のちに指導者になった人たちも、選手時代はチームのためではなく自分の成績を残すことを第一に考えていたといいます。ところが監督になった途端、「チームのために」と自己犠牲を強いる。これは間違いだというのです。

選手一人ひとりの成績が伸びれば、チーム力も上がっていくのは当然のこと。それでも勝てないのであれば、それは監督の采配が悪いからに他なりません。

選手には「自分の成績を上げる」ことを最優先させ、あとは監督が「責任を持ってチームをまとめればいい」というのが落合の考え方です。個人の成長なくして組織の成長はありません。組織のリーダーには個々の力を伸ばしながら、それをひとつにまとめていく力が必要なのです。

WORDS OF HIROMITSU OCHIAI 07

ポジティブとネガティブを使い分けろ

自らはマイナス思考の塊となりながら、組織の前面にはプラス思考だけを出していく

▼『コーチング』

企業が成長し続けるために経営者がすべきこととは何でしょうか？　それは「熱狂のなかにあっても冷静に、不況への備えを怠らない」ことだといわれています。

好況だからとイケイケドンドンで進むばかりでなく、次に向かって着々と準備を進めるからこそ、成長し続けられるのです。

落合博満によると、野球の監督というのは最初からプラス思考の人間ではダメなのだとか。マイナス思考で最悪の結果を想定し、そうならないための計画を立ててから組織や集団を動かす人でなければならないといいます。

一方、マイナス思考ばかりでも、良い結果は生まれません。監督である以上、「どんなにバカにされようが、現実的に無理だとわかっていようが、『うちは優勝を狙います。それだけの戦力はある』と外に対して言える」ことが大事だといいます。

つまり、組織の前面にはプラス思考を出してメンバーを鼓舞しながら、内ではマイナス思考の塊になる。たとえ良いことばかり続いても、「おかしいな」と慎重になり、状態が悪くとも、「これは想定内だ」と決してあわてない。

プラスとマイナスの複眼的な思考ができる人こそが、勝てるリーダーなのです。

WORDS OF HIROMITSU OCHIAI 08

どんなときも最善の策を考え続けろ

こちらは最善と思える策を講じても、相手が上回るということはある

▼『采配』

岡田彰布《あきのぶ》が阪神の監督を務めていた2005年シーズンから注目されたのが「JFK」です。

6回までにリードすれば、7回からジェフ・ウィリアムス、藤川球児、久保田智之という3投手で継投、逃げ切ることができるという作戦でした。

同様のことは横浜時代の「大魔神」こと佐々木主浩もそうでしたし、落合が中日の監督を務めた時代の浅尾拓也から岩瀬仁紀《ひとき》への継投も然《しか》り。彼らが出てきた途端に相手チームがあきらめるような空気がありました。

いわゆる「勝利の方程式」と呼ばれるものですが、落合自身は「岩瀬を出せば勝てる」と思ったことは一度もないといいます。勝負というのは、「常に自分の思惑通りに進むとは限らない」（『コーチング』）というのが落合の考え方です。

だからこそ、落合は岩瀬に「3回の失敗は許してやる」と言っていました。また、頭の中で岩瀬が打たれた場合のシミュレーションもしていました。

こちらが最善策を講じても、相手の力がそれを上回ることはあり得ることです。それでも常に「最善の策」を打ち続ければ、たとえ負けても次に勝つ道筋が見える。これが落合の考え方でした。

WORDS OF HIROMITSU OCHIAI

09

できない人の気持ちを理解する

（監督としての成功は）選手時代に下積みを経験し、なおかつトップに立ったこともあるから

▼『采配』

「名選手、名監督ならず」という言葉があります。選手時代に圧倒的な成績を残し、期待されて監督になったのに、たいした成績を残せなかった人。反対に、選手時代は目立った活躍ができなかったのに、監督として大成する人。さまざまなパターンがあります。

落合博満は選手として3冠王を三度も獲得した名選手であり、監督としても華々しい成績を残した名監督でした。

成功の理由を聞かれた落合は、選手時代に下積みとトップの両方を経験したことを挙げています。

落合は長嶋茂雄のような野球エリートではありません。高校は入退部を繰り返し、大学も中退。プロ入りも25歳と遅い入団です。2年間は一軍と二軍を行ったり来たりと、下積みを経験しています。

それだけに落合には「できない人の気持ち」がよくわかります。同時にトップ中のトップも経験し、「できる人の思い」も理解できる。あらゆる選手の気持ちがわかり、それが采配に活かされた、というのが落合の見方です。

ビジネスの世界でも海外や子会社で苦労した人が社長として大成することがありますが、苦労人にはエリートとは違う力が備わっているのです。

WORDS
OF
HIROMITSU
OCHIAI

10

部下と1対1で話すときは本音で話せ

俺は建前は言わない。建前を言うのは政治家に任せておけばいいんだ

▼『嫌われた監督』

落合博満の発言は時に物議をかもすことがあります。

多くの監督やコーチ、選手が口にする「チームのために」や「ファンのために」も「あれは建前だ」と断じています。

プロである以上は、自分のため、自分の成績を上げるために全力を尽くせばよく、それが最終的にチームの勝利につながり、チームが勝つ姿を見てファンも喜ぶという考え方です。

年俸交渉やFAの行使などで落合が批判されたのも、やはり建前ではなく本音でものを言い、行動していたからでしょう。

そんな落合も、監督という仕事に関しては「なかなか本音を話すことができない」ことを認めていました。

本音ばかり言っていたらまわりはついてこない。だから建前や嘘も必要なのだと考えていたのです。

ただし、部下と直接話すときは、本音で話さなければならないと語っています。

たとえ対外的には本音を隠しても、部下と1対1の会話をするときだけは、建前では話さない。マスコミなどの第三者を介してメッセージを送ることもしませんでした。本音で話したことで嫌われたとしても、それは上司の役目というのが落合の考え方です。

WORDS OF HIROMITSU OCHIAI 11

自分の名誉よりもチームの成長

私の胴上げなんてなくていい。むしろ、コーチと私で、頑張った選手を一人ずつ胴上げしてやりたいくらいだよ

▼『日本野球25人　私のベストゲーム』

落合博満は中日の監督を8年間務めました。その間、一度もBクラスに落ちることはなく、それどころか、四度のリーグ優勝と、一度の日本一を果たしています。

同じく名将と呼ばれた野村克也は、ヤクルトでの監督時代、四度のリーグ優勝、三度の日本一を果たしていますが、Bクラスが四度ありました。そう考えると、落合監督時代の中日がいかに安定した成績を残していたかがよくわかります。

監督としての落合は川崎憲治郎に引退試合（対ヤクルト戦）を用意するなど情に厚い面がありました。しかし他方で1年目を終えたシーズンオフに12人の選手と、7人のコーチの契約を打ち切るという厳しさも見せています。若い選手が活躍したときには勝敗そっちのけで「敗戦の中でうれしいこともある」とまくし立てたようですから、どちらの落合が本当の落合なのかと疑う人もいるでしょう。

あるとき、雑誌の記者が「日本一の胴上げ、見せてほしいですね」と声を掛けると、返ってきたのはこんな言葉でした。

「私の胴上げなんてなくていい。むしろ、コーチと私で頑張った選手をひとりずつ胴上げしてやりたいくらいだよ」

やはり落合は、野球と選手が大好きな監督だったのです。

WORDS OF HIROMITSU OCHIAI

12

リーダーの決断には結果責任がある

監督っていうのはな、（中略）誰か一人のために、その船を沈めるわけにはいかないんだ

▼『嫌われた監督』

落合博満が中日の監督時代、最も物議をかもした采配のひとつに、2007年、日本ハムとの日本シリーズ第5戦で、8回までひとりの走者も許さなかった先発の山井大介を、岩瀬仁紀に交代させたものがあります。

日本シリーズの完全試合は過去に誰も達成していなかっただけに、「幻の完全試合」と言われ、野球評論家はもちろん、マスコミでも大騒ぎになった采配です。

交代にはいくつかの理由がありました。

山井は4回に右手中指のマメをつぶし、出血していました。しかも日本ハムとの得点差はわずか1点。

この時点の中日は3勝1敗と日本一に王手をかけていたものの、前年には1勝4敗で日本ハムに敗れて日本一を逃しています。また、2004年には西武を3勝2敗とリードしながら、やはり逆転で惜しくも日本一を逃していました。

落合自身、プロ野球OBの立場としては「山井の完全試合を見たかった」と語っています。

しかし、監督という立場では1954年以来の日本一を確実に手にすべく、抑えのエースである岩瀬に最後の1回を託したのです。采配は結果論で語られますが、残ったのは「日本一」という栄誉でした。

WORDS OF HIROMITSU OCHIAI 13

リーダーの功績は知る人ぞ知る

監督の仕事ぶりがどうであったかというのは、鍛えられた選手たちが答えを出してくれる

▼『決断＝実行』

プロ野球の監督というのは難しいものです。西武ライオンズの監督として在任9年間のうちにチームを八度のリーグ優勝、六度の日本一に導いた森祇晶《まさあき》がオーナーの堤義明から「監督、やりたいんであればどうぞ」と言われたことがあるというように、強ければそれでいいというものではなさそうです。

落合博満も在任8年間のうちに四度のリーグ優勝、一度の日本一、かつすべてAクラスという素晴らしい成績を上げながら、優勝争いのさなかにシーズン終了後の退任が発表されています。

監督落合については、マスコミとの関係や、観客の入りなど、さまざまな声がありました。しかし、当時のチームを支えた山本昌が「落合さんの時期のドラゴンズは突出した成績だったな」と振り返っているように、この時期、落合が「勝つためにすべてやり」、選手自身も「考える」ことを通して、「準備の仕方がうまくなった」のも事実です。

監督時代のことを落合は「キツかったけれど、（選手たちには）いい経験をしたと思ってくれれば本望」と振り返っています。監督に対する評価は、選手が答えを出してくれますし、世間も数字を見て納得をするのです。

第二章 最強の人材を育てるために

WORDS OF HIROMITSU OCHIAI

WORDS OF HIROMITSU OCHIAI 14

教えるのではなく考えさせろ

教えすぎるなよ

▼『証言　落合博満』

野球に限ったことではありませんが、コーチや上司というのは、部下を育てるという名目で教えすぎるところがあります。一方の選手や部下は「早く結果を出したい」という思いから、ついつい安易にアドバイスを求めがちです。確かにその方が結果は出やすいかもしれません。

しかし、それは正しいのでしょうか？

ロッテに3位指名されてプロ野球選手としてのスタートを切った落合博満の最初の監督は、山内一弘でした。

「打撃の職人」と呼ばれ、首位打者を含むタイトルを7回も獲得した名選手でしたが、一方でコーチや監督としては「教え魔」とも言われていました。

山内は落合のアッパー気味のスイングを修正すべく指導を繰り返しますが、指導を受ければ受けるほど落合の打球は飛ばなくなります。たまらず落合は「もう俺を指導するのはやめてください」と直訴。そこから独自のフォーム改造を続けることで大打者へと成長します。

やがて監督となった落合はコーチたちに「教えすぎるなよ」「選手が聞いてくるまで教えるな」と指示します。

選手は自分で考え、試行錯誤することによって初めてプロになっていく。それが落合の考え方なのです。

WORDS OF HIROMITSU OCHIAI 15

指導はいつ、誰が、何を言うか

物事には言えばわかる段階と、言ってもわからない段階があるんだ

▼『嫌われた監督』

人を指導するときに大切なのは、「何を言うか」だけではなく、「誰が言うか」「どのタイミングで言うか」の3つです。

この3つがそろって、初めて自分の言いたいことが伝わり、相手を動かすことができるのです。

ロッテに入団した1年目、落合博満は監督の山内一弘の手取り足取りの指導に嫌気がさして、「ダメなら首で結構ですから、放っておいてください」と指導を拒否したことがあります。そこから試行錯誤を重ねながら「神主打法」を身につけますが、後年、落合は山内の指導について、「本当は理に叶った素晴らしいものだった」と述懐しています。

にもかかわらず、なぜ受け入れられなかったのかというと、「私のレベルがそこまで達していなかった」(『落合博満とロッテオリオンズ』)と振り返っています。

やがて監督となった落合は、西武からフリーエージェントで移籍してきた和田一浩に徹底した打撃指導をする一方、甲子園で名を馳せた若い選手には細かい指導をしませんでした。理由は「今のあいつらにそれを言ったところで理解できない」からでした。

人の指導には「どのタイミングで言うか」も重要なのです。

WORDS OF HIROMITSU OCHIAI

16

心理的安全性がなければ人は成長しない

絶対に手を出すな

▼『証言　落合博満』

今でこそどんなスポーツでも鉄拳制裁や暴力は批判の対象となっていますが、落合博満の高校時代は先輩からのしごきは当たり前のものでした。

入学直後から四番を任された落合は上級生による鉄拳制裁の標的とされ、「歳が上というだけで、なぜこんなことをされなきゃいけないんですか」(『落合博満とロッテオリオンズ』)と訴え、実に7回の入退部を繰り返しています。

落合が監督に就任する前の中日は、監督やコーチが叱咤し、鉄拳の行使も辞さない厳しさで選手に接していたため、選手は顔色をうかがいながらプレーしているようでした。これでは持てる力を発揮することはできません。

そこで、監督になった落合は体育会的な厳しさが支配するチームカラーを一掃し、プロである選手がのびのびとプレーできる環境をつくります。

コーチに伝えたのは「絶対に手を出すな」です。厳しく指導することと、手や足を出すことはイコールではありません。

ビジネスの世界に「心理的安全性」という言葉がありますが、組織において自由な空気は不可欠です。自分を信じてのびのびと働ける環境で、選手は初めて持てる力のすべてを出せるのです。

WORDS
OF
HIROMITSU
OCHIAI

17

いつでも戦えるように準備をさせる

誰も教えてくれない時期に、どうやったらいきなり試合のできる身体をつくれるのか。今までで一番考えて練習しなかったか？

▼『嫌われた監督』

落合博満は、中日の監督に就任した際に、球界の常識に反する驚きの提案をしました。

「キャンプ初日、2月1日に全員参加の紅白戦をやります」

プロ野球のキャンプは全球団とも通常2月1日からスタートします。選手たちはそれ以前から自主トレを行ってはいますが、それはあくまでもキャンプインに向けての準備であり、キャンプ前半は体力的な土台づくりをし、半ばくらいから徐々に実戦に入る、というのが一般的なやり方です。

ところが、落合はキャンプ初日に実戦を行うと発表し、さらに若手だけでなく、「全員参加」だと明言しました。つまり、若手もベテランも全員がキャンプ初日には「戦える状態」であることを求めたのです。

当然、選手たちは戸惑いますが、エースの川上憲伸《けんしん》は初日から147キロをマークするなど、各選手はプロとして万全の準備をしていました。

一から十まで指示されないと動けないようではプロとは言えません。自分の頭で考え、いつでも実力を発揮できるように備えておく。落合が求めていたのは、そんな「プロの集団」だったのです。

WORDS OF HIROMITSU OCHIAI 18

頭で考える前に走らせる

お前らボールを目で追うようになった。このまじゃ終わるぞ

▼『嫌われた監督』

「アライバコンビ」といえば中日ドラゴンズの黄金期を支えた井端弘和《いばたひろかず》と荒木《あらき》雅《まさ》博《ひろ》の二遊間コンビです。とくに２００４年から２００９年までは、ともにゴールデングラブ賞を受賞するほどの活躍を見せています。

落合博満は彼らを高く評価していましたが、２０１０年から２人のポジションを入れ替え、荒木をショートにコンバートします。結果、荒木は２０１０年にリーグで２番目に多い20個の失策を記録、ゴールデングラブ賞も手放すことになります。

落合はなぜ鉄壁の守備陣の守備位置を変えたのでしょうか。

理由はボールを「足で追う」のではなく、「目で追う」ようになったからでした。「目で追う」とは、打球を目で判断して、途中であきらめることです。やる前から「できない」と判断すれば、失敗はない代わりに成功も期待できません。

ショートを守るようになった荒木は、エラーの数は増えたものの、再び打球を「足で追う」ようになり、外野に抜けそうな打球を何本も阻止します。落合はエラーの数は問題にしませんでした。落合が荒木に求めたのは「目で追う」堅実さより、「足で追う」挑戦心だったのです。

WORDS OF HIROMITSU OCHIAI 19

社交性より圧倒的な実力をつけさせろ

お前は、監督から嫌われても、使わざるを得ないような選手になれよ

▼『嫌われた監督』

「能力はあるが好きではない部下」と「能力は劣るが好きな部下」のどちらを使うか。これは上に立つ人間の力量が試される問いのひとつです。

落合博満はプロ入り3年目に初めて首位打者のタイトルを獲得、700万円の年俸を2000万円に、と狙っていました。

ところが、球団から提示されたのははるかに低い金額で、理由は「実績がない選手だから」でした。悔しかったものの、確かに1年間フル出場したのはその年が初めてでした。以来、落合は実績をつくるためにも、「ゲームから外せないような選手になる」ことを誓います。

上司と部下、監督と選手の間に「相性」があるのは仕方のないこと。中日の監督時代、荒木雅博から「使う選手と使わない選手をどこで測っているんですか?」と聞かれた落合は、「心配するな。俺は好き嫌いで選手を見ていない」と断ったうえで、現実はそうではないことも伝え、「お前は、監督から嫌われても、使わざるを得ないような選手になれよ」と付け加えました。

上に立つ人間は好き嫌いよりも能力で部下を見て、部下は部下で好き嫌いでは測れないほどの力をつけることが求められているのです。

WORDS OF HIROMITSU OCHIAI 20

自分で決めさせるから責任感が生まれる

お前が決めろ。いくのか、いかないのか

▼『証言　落合博満』

ビジネスの世界で「上司が好きにやらせてくれない」と嘆く人がいますが、反対に「何をするかどうするかは自分で決めろ」と言われれば、途方に暮れてしまう人も多いのではないでしょうか。

上司の指示であれば、失敗しても上司に責任転嫁できますが、自分で決めたら責任をとるのは自分自身です。

落合博満が中日の監督に就任した1年目、開幕3戦目に登板したエースの川上憲伸は8回に落合から「どうする?」と聞かれます。川上は前年同様に「いけるところまでいきます」と返答。

できるだけ頑張るが、ダメなら代えてください、という決断で、最後は「監督やコーチに任せる」という意味の言葉でした。

ところが、落合はさらに問いかけます。

「お前が決めろ。いくのか、いかないのか」

落合はあいまいな言い方や、監督任せの姿勢を嫌い、選手には常に「やるのか、やらないのか」という二者択一を迫ったといいます。

自分で決めることには責任が伴い、怖さもありますが、「自分で決めたのだからやらないと」という自覚も生まれます。

「決める」ことは大変なことですが、確実に成長を後押ししてくれるのです。

WORDS OF HIROMITSU OCHIAI 21

自由と責任を同時に与える

甘やかすことも、縛りつけることもしません。
プロなんだから

▼『嫌われた監督』

中日の監督に就任した落合博満は、それまでの球界の常識に反する方針を次々に打ち出しました。キャンプ初日からの紅白戦や、選手を誰も辞めさせず、各人の能力を高めることで優勝を目指す宣言などは、その代表例です。

キャンプ自体は6勤1休の厳しいものでしたが、一方、自動車の運転を禁止したことなどを除けば、選手たちの自主性を尊重します。お決まりの門限も未成年の選手にしか設けませんでした。

「外泊したければすればいい」というのが落合の考え方でした。これだけ見ると、「選手を甘やかしている」という批判が出るかもしれません。

けれども、落合が考えていたのは選手を縛るのではなく、「自分で考え、自分なりに行動」させることでした。

そして、その代償として「しっかりと結果を残す」ことを求めたのです。

好きにしていいと言うと、やりたいようにやっていいのだと勘違いする人もいるかもしれません。

しかし、落合は「好きにやることには責任が伴う。好き勝手とは違うのだ」(『采配』)と話しています。

自由には制約から解放される一方で、大きな責任が伴うのです。

WORDS OF HIROMITSU OCHIAI 22

前向きな失敗は肯定する

アウトになってもいいから走れ

▼『決断＝実行』

ビジネスの世界でしばしば起きるのが、「失敗を恐れず挑戦しろ」と言っておきながら、いざ失敗すると、その責任を厳しく問うというケースです。これでは誰も新しいことに挑戦しなくなります。

中日の監督時代、落合博満は「低めのボールは振るな。低めの見逃し三振はOKだから」という指示を徹底しています。「低めのボールは振るな」だけだと、三振を恐れて手を出すこともありますが、「低めの見逃し三振はOKだから」と言われれば、自信を持って見逃すことができるでしょう。

その結果、中日の相手投手は球数を多く投げるようになり、チームとしてもリーグトップの500個近い四球を選ぶようになっています。

スピードのある荒木雅博には「アウトになってもいいから走れ」と指示しました。それも「走れ」という積極的な走塁の勧めです。

落合はたとえアウトになっても何も言いませんでした。だからこそ、荒木は「思い切って走る」ことができるようになり、6年連続で30以上の盗塁をマークしたのです。挑戦を後押ししたいのなら。失敗を非難するのではなく、前向きに肯定するという姿勢が求められるのです。

WORDS OF HIROMITSU OCHIAI 23

一時の結果ではなく長い目で評価する

本当に力がついたかどうかは、もっと長い目で見ないとわからない

▼『不敗人生』

「若い選手が少し良いプレーをしたらメディアは書き立てる。でも少し調子が落ちたら一切書かない。するとその選手は一気にダメになっていく」

これはサッカーの元日本代表監督イビチャ・オシムの言葉です。

オシムは早熟の天才たちがマスコミにもてはやされてダメになっていくことをいつも懸念していました。

中日の監督時代、落合博満は急成長を遂げる吉見一起投手が2年連続2ケタ勝利を挙げ、マスコミが「中日のエース」と書き立てたことに対し、「2年勝ったぐらいで、お前らはすぐにエースと言うな」(『証言　落合博満』)とマスコミに苦言を呈したことがあります。その発言を見た吉見は「その通りだな」と実感しますが、直後に落合から「5年な」と声を掛けられています。

落合は、若手が自信を持つのは悪いことではないが、マスコミに持ち上げられることで自信が過信に変わるとおかしなことになるといいます。

その後、落合の言葉に発奮したのか、吉見は5年連続で2ケタ勝利を達成し、「エース」となりました。

人の成長は長い目で見ることが必要なのです。

WORDS OF HIROMITSU OCHIAI 24

チャンスは与えず、つかみとらせる

与えられた選手ってのは弱いんだよ。何かにぶつかれば、すぐ潰れる。ポジションってのは自分でつかみとるもんだ

▼『嫌われた監督』

落合博満は監督として中日を四度のリーグ優勝、一度の日本一に導いています。圧倒的な成績ですが、そんな落合に対して時に向けられるのが「レギュラーの固定化によって若手選手が育たなかった」という批判です。

では、落合が若手にチャンスを与えなかったかというと、そんなことはありません。たとえば、森野雅彦は〝ミスタードラゴンズ〟立浪和義からサードのポジションを奪っています。

しかし、それは森野の圧倒的な練習と努力の日々があったからで、決して「与えられた」ものではありませんでした。

落合がロッテに入団した際のポジションはサードでした。ところが、1年後に入団してきた後輩がベテランからサードのレギュラーの座を奪ったため、サードでのレギュラー獲りは難しくなります。では、どうするか？

落合は悩んだ挙げ句にセカンドにチャンスありと見て、それまでほとんど経験のなかったセカンドの守備練習に励みます。その結果、3年目にレギュラーとなり、首位打者を獲得しました。

チャンスは「与えられるもの」ではなく、「自らつかみとるもの」。これが落合の信念なのです。

WORDS OF HIROMITSU OCHIAI 25

自己満足で終わらせない

「誰が見ても試合でできると思えるレベル」まで、自分のパフォーマンス（仕事）の質を高めていくしかない

▼『采配』

ある企業の経営者は、若い頃、先輩にこう言われたそうです。

「お前は、自分はよくやっていると思っているだろう。だが、そんなのは人の目から見たらまったく違う。自分で自分を評価するな」

その経営者は、学生の頃から優秀で自信を持っていたため、衝撃を受けました。

しかし、ビジネスの世界では、どれだけ自分に自信があっても他人の評価が低いということは珍しくありません。

野球の世界でも同じことが言えます。落合博満によると、選手が練習で思っていた通りにできるようになると、「試合でもできる」と思い込んでしまうといいます。その結果、「こんなにできるのに、なぜ自分を使ってくれないんだ」と不満を持つようになります。

ところが、監督やコーチから見ると、「試合で使えるレベルではない」ことがほとんど。その認識のズレが不満につながっていくというのです。

大切なのは自分だけが「できる」つもりになるのではなく、誰が見ても「できる」と思えるレベルまで高めていくことです。自分の現状（実像）を正しく認識すること、それが本当に「できる人」になる秘訣なのです。

WORDS OF HIROMITSU OCHIAI 26

細部にまでこだわるからこそ一流になれる

一三〇球投げたって、一球だめなら全部、無駄になる

▼『嫌われた監督』

「良いものをつくるためには細部までこだわれ」。これは、ものづくりの世界でよく言われる言葉です。「このくらいでいいだろう」と考えていると、そこから綻《ほころ》びが生じることになりかねません。

落合博満が中日の監督だったとき、中日の新しいエースになりつつあった吉見一起《かずき》は、対阪神戦で7回まで131球を投げて無得点に抑えます。見事なピッチングでした。

しかし、8回に代打にホームランを打たれて1対1の同点となり、チームは延長12回の末に敗れます。落合は記者たちを前に、1点しか取れなかった打線を責めるのではなく、吉見の1球について、「130球投げたって、1球ダメなら全部ダメになる」とコメントしました。

5回を3点以内に抑えれば合格点とされる大リーグ的な考え方からすれば、やや厳しすぎる発言かもしれません。

しかし吉見自身は先頭打者に2球ボールが続いた後、フォアボールを嫌ってストライクを取りにいったボールを打たれたことを後悔します。防げたはずのホームランでした。

「画竜点睛《がりょうてんせい》を欠《か》く」という諺《ことわざ》がありますが、ささいな油断や判断ミスがすべてをダメにすることは確かにあるのです。

WORDS
OF
HIROMITSU
OCHIAI

27

人を育てたいなら「失敗する場」を用意しろ

「負けるなら負けてもいい。この試合はおまえに任せた」と言ってやるのが大切だ

▼『コーチング』

「若い人には、失敗してもいい場所が必要だと思うんです」は、日本人メジャーリーガーの道を切り開いた野茂英雄の言葉です。野茂はかつて「NOMOベースボールクラブ」を設立していますが、理由はプロを目指す選手のために失敗の場所を提供するためでした。

野茂自身、新日鐵堺時代に、失敗を繰り返しながら成長しています。

落合博満によると、1軍と2軍を行ったり来たりする選手が伸び悩む理由は、1回の失敗を許してもらえないからだといいます。

「ここで負けたらファームに落とされる」と切羽詰まった気持ちになるため、力を発揮することができなくなるのです。それに対し、首脳陣が「負けるなら負けてもいい。この試合はお前に任せた」と言って送り出せば、思い切って投げることができます。

実際、長嶋茂雄は、巨人の監督就任1年目、チームは最下位だったものの、負け続ける新浦壽夫《にうらひさお》を継続して使うことでエース格に育てました。

若い選手には経験と失敗する場所が必要です。ただし、何回失敗してもいいという甘えは許されない、とも落合は釘を刺しています。

WORDS OF HIROMITSU OCHIAI 28

失敗は成功の母だが、成功は失敗の父になる

ひとつの成功が自信になるのと同時に、それを導き出した失敗をいつしか忘れてしまう

▼『コーチング』

野球に限ったことではありませんが、人間が手掛けることにおいて、失敗をゼロにするのは難しいものです。「絶対に失敗するな」と厳しく指導すると、言われた側は失敗を恐れて無難なことしかしなくなります。そして、それが成長の妨げとなることもあるのです。

成長には失敗がつきものですが、大切なのはうまくいかなかったときに、「なぜ失敗したのか」を考え、同じ失敗を繰り返さないような策を練ることです。

落合博満がスポーツ紙の仕事で巨人対横浜の試合を見ていたところ、2対1で横浜がリードした場面で抑えに出てきた斎藤隆は勝負球としてスライダーを投げます。ところがホームランを打たれて逆転され、巨人が勝利します。落合によれば、「勝負を急いだ」結果でした。

しかし、2日後の対戦では、同じ1点リードの場面で登板した斎藤は、落合のいう「リスクの少ない攻め方」によりチームを勝利に導きます。

つまり、前回の失敗を忘れずに策を講じたことで成功を手にしたわけです。

大事なのは「前回の失敗を見つめ直す」ことでしょう。失敗が成功の母なら、成功は失敗の父となります。失敗からの学びを次に活かすことが大切なのです。

WORDS OF HIROMITSU OCHIAI 29

挑戦者の足を引っ張るな

誰かが何かを始めようとする時、なぜ粗探しをするような見方しかできないのだろう。しかも自分の目で見て確かめようともせずに

▼『采配』

誰かが新しいことをやろうとすると、「どうせできっこない」「そんなの無理だ」と否定的な言葉で批判する人がいます。

大谷翔平が日本ハムに入団するにあたって、「二刀流」への挑戦を口にしたとき、プロ野球関係者のほとんどが批判し、なかには「野球をなめている」とまで言う人もいました。そんななか、落合博満は「やりたいんだったらやればいいじゃん。両方センスがあって、どっちか1個に選ばなくたって、両方できるんだったら両方した方がいいんじゃないのかな」と肯定的な発言をしました。今や大谷の二刀流を否定する人は誰もいません。


落合は中日の監督に就任した際、キャンプ初日からの紅白戦を宣言、「意味がない」「選手が壊れてしまう」といった批判を浴びます。落合はこうした批判に対して、批判することは自由だが、見てもいないことを批判するのは論外だと感じていました。

一方、実際に中日のキャンプに足を運び、何時間も練習風景を見ていた川上哲治や廣岡達朗といった名監督たちからは、批判ではなく激励があったといいます。

新しい挑戦に批判はつきものですが、大切なのは粗探しではなく、実際に見て、判断することなのです。

WORDS OF HIROMITSU OCHIAI

第三章

真のプロフェッショナルになるために

WORDS OF HIROMITSU OCHIAI 30

協力者がいてこそ一流になれる

どんな仕事だって、自分1人の力だけで一流になれるものじゃない。陰で協力してくれた人が数えきれないくらいいるものだよ

▼『日本野球25人　私のベストゲーム』

落合博満は3冠王を三度も獲得した、「史上最高の右バッター」です。まさに四番にふさわしいバッターでしたが、入団3年目に初めて出場したオールスターでパ・リーグの四番に抜擢されたときには、三振、ショートゴロ併殺、ライトフライと、まったくいいところなしに終わっています。

極度の緊張のあまり、体が金縛りにあったように動かなくなるという野球人生でただ一度の経験もしています。

いわば「苦い経験」の多かったオールスターですが、落合は「まさに私が世に出た試合」と感謝しています。

オールスター前、レギュラーに定着した落合は打率も3割を超え、チームの前期優勝に貢献します。

そんな落合に注目していたのが常勝球団の阪急を率いていた監督の西本幸雄でした。西本は本来、門田博光選手が足に爆弾を抱えていたため、代わりに「将来の野球界を背負って立つ男」とにらんだ落合を抜擢したのです。晴れ舞台で四番を打った落合は自信を深め、その年、初のタイトルとなる首位打者を獲得します。

「器が人を育てることがある」というように、落合はやがて本物の四番打者となり、日本を代表する打者に成長するのです。

WORDS OF HIROMITSU OCHIAI 31

学ぶ人を選んではいけない

これは名のある選手だから見るところがある、名のない選手だから見るところがない、というもんじゃないんだ

▼『落合博満とロッテオリオンズ』

イチローが大リーグに移籍して最も驚いたのは、スーパースターと呼ばれる選手たちが1年目のイチローにバッティングのコツを教えてくれと聞いてくることでした。日本では後輩から聞かれることはあっても、先輩から聞かれることはなく、大リーガーたちの誰からでも話を聞く貪欲《どんよく》さに驚いたと振り返っていました。

落合博満は3冠王を三度獲得したほどの強打者ですが、テレビやユーチューブなどでしばしば「僕の先生は土肥さんです」という発言をしています。

土肥《どい》健二はロッテ時代の落合の先輩ですが、規定打席に達したこともなければ、通算安打数も497本です。

にもかかわらず、入団2年目の落合はプロ11年目の土肥の「力みなく、リスト（手首）を使ってボールを捉える」フォームを見ながら自らのバッティングフォームを固めていきました。その結果が「神主打法」へとつながっています。

落合は直接土肥から教えられたわけではなく、見て学んでいます。落合は、グラウンドにはいい教科書がたくさんあるといいます。

大切なのは、名前や実績、プライドにこだわらず、価値あるものを謙虚に貪欲に取り入れていく姿勢なのです。

WORDS OF HIROMITSU OCHIAI 32

質を手に入れたければ量をこなせ

若いうちには、何も考えずにバットを振らなきゃいけない時期がある

▼『落合博満とロッテオリオンズ』

落合博満は中日の監督に就任した際、「勝負事ですから、負けるつもりはありません。まあ、選手たちには泣いてもらうことになるでしょう」（『嫌われた監督』）と、選手たちに猛練習を課すことを宣言しています。選手のなかには、現役時代、練習嫌いで知られた落合の言葉とは思えなかったと話す者もいました。

しかし、実際の落合は、ロッテ時代、ナイターが終わり、チームメイトが帰路についた後もピッチングマシンを相手に黙々とバットを振り続けるような人でした。

さらに当時住んでいたアパートの畳は素振りのために擦《す》り切れていたともいわれています。

落合によると、若いときには何も考えずにバットを振らなければならない時期があり、それによってオープン戦からシーズン最終戦まで、ずっとバットを振り続けられる体力がつくといいます。そして、その段階に至って初めて「考えて振る時間」が来るというのです。

「量が質に転化する」という現象があります。芸事などでもある一定の稽古（練習）量を積み重ねることで質的な変化が起こるといわれます。

何事であれ、量をこなす時期を経て、人は大きく飛躍することができるのです。

WORDS OF HIROMITSU OCHIAI 33

技術は守るものではなく磨くもの

できないことをできるようにするのが練習なら、できるようになったことを継続するのも練習なのである

▼『決断＝実行』

ビジネスの世界に「教育と訓練は違う」という言葉があります。

教育というのは新人などに知らないことを教えることですが、「知っている」ことと「できる」ことがイコールではない以上、できるようになるまで何度も教え、やらせてみなければいけません。そうすることで、本当の意味での「できる」になるのです。

落合博満によると、天賦の才能や体格に恵まれた選手というのは、他の選手がさんざん苦労して身につけることを瞬時にこなしてしまうといいます。ところが、その動きを自分のものにしようと「反復する努力はしない人が多い」（『落合博満とロッテオリオンズ』）ようです。

みんなが苦労することでもちょっと練習しただけ、ちょっと教えてもらうだけでマスターできるだけに、それを体に覚えさせることが疎《おろそ》かになるようです。

その結果、何が起きるのでしょうか？

マスターする取り組みをやめてしまうと、技術はいつの間にか元に戻ってしまいます。

大きな成功を望むなら、できないことを練習で身につけるだけでなく、一度できて身につけたものを日々磨き続ける努力が欠かせないのです。

WORDS OF HIROMITSU OCHIAI 34

技術と自信は体力の上に立つ

プロ野球選手に必要なものは心技体ではなく、「体技心」だ

▼『Number』1058・1059

人の成長にとって最も大切なのは「心技体」だといわれています。精神面、技術面、体力面すべてのバランスが整ったときに最大の力が発揮できるという考え方です。

最初が「心」なのは、いくら体力や技術があっても精神的な弱さがあると力を発揮できないという考えからでしょう。

落合博満は「心・技・体」ではなく、「体・技・心」の順番が正しいのではないかと考えています。

中日の監督時代、落合は選手たちに他のチームをはるかにしのぐ猛練習を課しました。他のチームが4勤1休の中、中日だけは第1クールが8勤1休。以後も6勤1休のスケジュールを実践しています。しかもその厳しさは「選手に夜間練習をする体力を残すな」（『証言　落合博満』）というほどのものでした。

仕事や勉強に打ち込むには体力が必要です。まず体力をつけ、練習によって技術を磨く。

人が不安になるのは自分の技術や力に自信がなくなるからです。技術や力が身につくと自分に自信が持てるようになる。これが落合の考え方です。

まずは、体力。技術と自信は、その先に生まれるのです。

WORDS OF HIROMITSU OCHIAI 35

頭を動かしながら努力する

（糸口が）出てこないのは、体を動かす量は多くても、考える量が少ないんだよ

▼『落合博満とロッテオリオンズ』

「努力には正しい努力と間違った努力がある」は野村克也の言葉です。

成功するために必要なのは「正しい努力」であり、「間違った努力」をしても結果にはつながりません。では、どうやって「正しい努力」と「間違った努力」を見分ければいいのでしょうか？

落合博満によると、野球がうまくなりたいのなら、体を動かす練習だけでなく、頭を動かす練習も必要だそうです。

たとえば、毎日死に物狂いで練習しても結果が出ないとき、同じことを繰り返すのではなく、「こうしたらどうだろう」「こんな工夫をしてみたらどうか」と自分なりに考え、工夫をします。

コーチにアドバイスされて、がむしゃらにやったもののうまくいかず、「言われた通りにやったけどダメだった」とあきらめるようでは論外だ。落合はそんなふうに考えています。

アドバイス通りにやっても、必ずしも成功するとは限りません。そんなときに、「なぜうまくいかないのか」と試行錯誤を繰り返すことが大切です。それがやがて個性的な投球フォームや打撃フォームを生むはずだからです。

成功するためには努力に「考える」を加えることが必要なのです。

WORDS OF HIROMITSU OCHIAI

36

どこまで頑張るかは自分で決める

やらされる練習だったらするな（中略）。自分で考えて時間を見つけて練習しろ

▼『落合博満とロッテオリオンズ』

落合博満は選手時代、「練習は嫌いだ」と公言し、実際、キャンプなどではほとんどバッティング練習をしない時期もあったといわれています。

しかし、実際の落合は人目につかないところでは独自の練習をしっかりと行っていました。

練習は嫌いだけれども、やるべきことはやるし、本当に必要なことはとことんやる。それが落合流でした。

それだけに、中日の監督に就任時、全球団のなかで最も厳しいというほどの練習を課したことは前述した通りです。

落合自身がノックバットを持つ守備練習や、選手が自ら取り組む居残りの打撃練習などでは「何時まで」「何本まで」といったリミットは設けず、「終わる時間は自分で決める」を方針としていました。

「何時まで」「何本まで」という時間や本数を定めてしまうと、「この時間をやり過ごそう」「言われた本数さえこなせばいい」という感覚が生まれます。

これでは、「やらされる練習」でしょう。

時間や本数以上に落合が重視したのが、選手自身が納得するかどうかでした。

「やらされる練習」より、自分が納得するまでやり遂げる練習こそが成長につながる。これが落合流の考え方なのです。

WORDS
OF
HIROMITSU
OCHIAI

37

見えないライバルを意識しろ

ライバルを持つと、それ以外の選手が見えなくなってしまう

▼『なんと言われようとオレ流さ』

人が成長するうえで、ライバルの存在は好ましいものとされています。お互いに切磋琢磨することで、ともに成長できるからです。

しかし落合博満は、記者から「ライバルは？」と聞かれると、いつも「いません」と答えていました。

学ぶべき選手、対戦が楽しみな投手はいたでしょうが、ライバルを持てば、「野球選手としてダメになる」と考えていたのです。

ライバルにさえ勝てばいいのなら、そのライバルをマークするだけで満足してしまうからです。


実際には、かつての落合がそうであったように、実績のない選手が急成長して目の前に立ちはだかることがあります。

だからこそ、バッター全員をマークしなければならない。落合は、そう考えていました。

ビジネスでも、競争相手しか見えなくなって、「自分の方がすぐれている」と豪語していると、まったく新しい技術や製品を持つ企業に一気にシェアを奪われてしまうことがあります。

見るべきは、ライバルではなく全体。

この視点こそが、競争に勝ち続けるためには大切なのです。

WORDS OF HIROMITSU OCHIAI 38

見て考えて体に叩き込め

目で吸収、頭で吸収、からだで吸収

▼『なんと言われようとオレ流さ』

監督時代の落合博満は、新聞記者たちにさえ「毎日、見ていれば、オレの話を聞かなくても記事が書けるさ」と言うほど「見る」ことにこだわっていました。

そして、選手時代から成績を上げるために次の3つを大切にしていました。

〈① 目で吸収〉

敵味方を問わず、他の選手がやっていることをじっと見ていました。練習をする代わりに「見る」ことが落合の一番のトレーニングでした。

〈② 頭で吸収〉

自分が目で見たものを頭で分析します。

「なぜ、そうなのか?」

「自分ならここを修正しよう」

「これを取り入れよう」

このように、頭の中でシミュレーションをするのもトレーニングのひとつでした。

〈③ 体で吸収〉

目で見て、頭で分析したものを自分の体に覚え込ませます。「いいな」と思ったことは実際にやってみて、よければ続けながら修正していきます。

このように、良いものは吸収し、悪いものは省いていく。それが落合の流儀でした。

WORDS OF HIROMITSU OCHIAI 39

スランプのときは体と心を休ませる

規則正しい食事と睡眠は、特打ちにもまさる

▼『勝負の方程式』

スポーツでも仕事でも、スランプは必ずあります。そんなときに苦しい状況を抜け出す方法は、人それぞれ違うでしょう。

落合博満は「しっかり食事をとり、十分に睡眠をとる」ことは、特打ちにも勝ると考えていました。

落合によると、野球におけるスランプの解消法には2つあるといいます。

ひとつはバットを振るだけ振り込んで欠点を解消するやり方。

もうひとつは体力の回復に重点を置き、精神を安定させるやり方です。

落合が後者を選ぶのは、疲れがたまって体力が落ちてくると、覚えているはずのバッティング理論を体で実践できなくなるからです。

結果が出ないと気持ちもふさぎ込み、本格的な不調に発展します。するとし、寝つきが悪くなり、眠れなくなってしまうのです。

そうならないために、落合は栄養のある食事をしっかりとり、体を十分に休ませることを心掛けていました。

疲れが抜けると眠れるようになり、体力も回復。失いかけた技術も戻ってきます。大谷翔平は「よく眠る」ことで知られていますが、食事と睡眠はすべての基本なのです。

WORDS OF HIROMITSU OCHIAI 40

チャレンジする時間をつくる

これまで取り組んできた練習に、「アドバイスを試す時間」をプラスする

▼『決断＝実行』

企業が大きく成長するうえで大切なのは、事業の柱となる分野をしっかりと維持することでしょう。

グーグルでは、これに加えて、もう少しで目が出る分野と、成功するかどうかわからないものの、うまくいけば大きな成果が期待できる分野にも力を注ぐことを方針としています。飯の種を確保したうえでの挑戦も続けるという意味です。

落合博満によると、あるレベルから伸び悩む選手の大半は、指導者や先輩のアドバイスを試そうとしない傾向があるといいます。

せっかくのアドバイスも試さなければ意味がありません。しかし、なかには殻に閉じこもり、自分のやり方に固執して成長の機会を逃す選手もいるといいます。

成長したければ「聞き上手になれ」が落合の考えです。

聞いて、まず試す。

ただし、その際には普段の練習をしたうえで試す時間を別に確保します。

普段の練習時間に「試す」を入れてしまうと、ルーティーンの練習が減り、元々の技量が落ちる恐れがあるからです。

普段の練習に30分~1時間、試す時間を加えてみる。それがプラスαの力となり、自分を成長させてくれるのです。

WORDS OF HIROMITSU OCHIAI

41

あらゆる人の意見に耳を傾ける

一流の打者というのは、（中略）周囲の人間たちもプロフェッショナルと認め、自分の仕事に活用する勇気を持っている

▼『プロフェッショナル』

誰かにアドバイスを求めるとき、成果を挙げている人の話はよく聞くのに、そうでない人の話は聞こうとしない人がいます。得になるかどうか、地位や成績などによって態度や姿勢が変わるのです。

これは好ましいことなのでしょうか？

落合博満は3冠王を三度も獲得したほどの大打者です。そうなると監督やコーチといえども、落合の打撃について口を出さなくなります。

落合自身は自分のやり方で成績を上げる自信は十分ありましたが、それでもスランプに陥ることもあります。そんなときに助言を求めたのは、打撃投手や捕手、

カメラマンたちだったといいます。

最初は圧倒的な実績を持つ落合に「何か気付いたことはない？」と聞かれても遠慮する人が多かったといいます。

しかし、落合がその理由を含めて熱心に話すうちに、「いつもとの違い」など情報が集まってくるようになりました。

落合は彼らの印象を元にして対処法を考えていきます。その結果、スランプから脱し、実績を残していったのです。

カメラマンや裏方のスタッフたち、誰のアドバイスにも真剣に耳を傾け、活かすこと。これも超一流になるためには大切なことだったのです。

WORDS OF HIROMITSU OCHIAI

42

異なる分野の人からも意見を聞く

自らの知識を広げるためには、異なった野球観を持っている人間とコミュニケーションを深くしていくのが近道だ

▼『プロフェッショナル』

メーカーのなかには「大部屋方式」というしくみを取り入れているところがあります。設計や生産など、通常は異なる場所で働いている社員たちをひとつの部屋に集め、一緒に仕事を進めるのです。

異なる分野に属している社員同士、時に意見がぶつかることもあるのですが、その衝突を通して、より良いものが生まれるといいます。

落合博満はロッテと中日時代、投手コーチだった佐藤道郎との会話を通して、打者にとって理解しづらい投手のことを教わったといいます。落合は佐藤に「なぜあの場面で代えるのか?」などと質問し、佐藤は落合に「打者にとって、こういう攻め方はどうだ?」などと尋ねました。

こうしたやり取りを通じて投手心理を学んだ落合は、その知識を自らの打撃や守備に活かしました。それだけではなく、後に監督をする際に役立つ知見もこのときに広げることができたのです。

だからこそ落合は、投手は打者の話を聞き、打者は投手の考え方に耳を傾けることが大切だと考えました。

異なった野球観にふれ、投手や打者、守備に関する幅広い知識を身につけることこそが、野球という「頭脳戦」を有利なものにしてくれるのです。

WORDS OF HIROMITSU OCHIAI

43

日々反省、日々改善

「明日取り組むことの予習」よりも、「今日経験したことの復習」が大切になる

▼『采配』

ビジネスの世界に「PDCA」という考え方があります。事前に綿密な計画を立てて、それを実行に移し、検証しながら回していくというものです。

しかし、今の時代は「まずトライして、それをチェックして、改善して、実行する」という考え方が重視されています。「実行、チェック、問題点の修正」を繰り返すことで、より良いものが生まれるという考え方です。

落合博満は、打者の場合、事前に対戦する投手のビデオを見ておく予習よりも、実際に対戦した後に自分で感じたことをまとめ、それを次の対戦に活かす「復習」の方が大切だといいます。

もちろん、予習など不要ということではありませんが、どれほどデータを集めても、投手のボールをイメージ通りに打つのは容易ではありません。打席で感じたことをまとめ、それを活かすことで次に確実に打つことができるのです。

技術の習得においても、自分のスイングができるようになったら実戦に臨みます。思い通りにボールが飛ばなければ、出発点に戻り、課題を修正し、また打ち、修正します。

こうした復習の繰り返しこそが、確かな技術を形成していくのです。

WORDS OF HIROMITSU OCHIAI 44

もがきながら身につけたものだけが武器になる

「悪くなったら誰かに頼る」を繰り返していたら、いつまでたっても一人前の選手になれない

▼『なんと言われようとオレ流さ』

落合博満と切磋琢磨し、阪急のエースとして活躍した山田久志は、若い頃、シンカーを身につけようと先輩の投手に教えを請いました。ところが、その依頼は拒否されます。山田はやむを得ず、3年近く試行錯誤を繰り返しながら自力でシンカーを身につけたのでした。

当時は「なぜ教えてくれないのか」と不満を感じたそうですが、後年、先輩から「自分で苦労して身につけたからこそ最強の武器になった」のだ、と言われます。

落合も監督の打撃指導を拒否。自分で試行錯誤した結果が、その後の三度の3冠王につながっています。

落合は、人から教わった方法は、たとえ身についたとしても、自分で考えて工夫するクセがついていないため、結局は自分のものにできないことが少なくないといいます。

確かに、自分で苦労して身につけたことなら、スランプに陥っても「こうしたらどうだろう」「ああやったらできそうだ」と考えることができます。

しかし、人から教えてもらったことは、自分だけで修正することができません。残念ながら再び誰かを頼ることになるでしょう。重要なのは、安易に誰かを頼ることではなく自分で考えることなのです。

WORDS OF HIROMITSU OCHIAI 45

応用は基本の基本が徹底できてこそ

専門性が高くなればなるほど、基本の基本は何かということが見過ごされがち

▼『決断＝実行』

落合博満は、打撃タイトルはいくつも獲っているものの、守備の名手に贈られるダイヤモンドグラブ賞は受賞していません。しかし、ロッテ時代に二遊間コンビを組んだ水上善雄は、落合は「私が見た中で一番うまいセカンド」だったと言っています。

たとえば4－6－3の場合、落合は捕ったと思ったら必ず相手の胸の前に投げるし、毎回、同じところに同じ球筋で投げます。これは案外難しいことですが、落合はそれができるし、劣悪なグラウンドだった川崎球場でもバウンドしたボールをうまくさばいたといいます。

にもかかわらず賞に恵まれなかったのは、「あまりに打つイメージが強すぎたから」というのが水上の落合評です。

落合は守備練習でも「捕るだけ」ではなく、「捕ったら投げる」ことで体を鍛えていました。それが基本の基本だからです。同様に捕手がワンバウンドを捕る練習をする場合は、時にストライクも投げるべきだと考えていました。「正確に捕る」ことができて、初めてワンバウンドを止めることもできる、ということなのでしょう。

「応用は『基本の基本』を徹底してから」というのが、落合の考え方なのです。

WORDS OF HIROMITSU OCHIAI 46

成功したときこそ反省しろ

結果が良かったから「ああ、気分が良い」と感じて眠ってしまう選手と、ホームランを打っても自分のバッティングを考え、（中略）次の日に練習する選手とでは、経験を積んでいくほど大きな差がついてしまう

▼『コーチング』

ビジネスでは「失敗したときの反省は誰でもするが、成功したときに反省する人は少ない」という言葉があります。

確かに、物事がうまくいって喜びや満足感に浸っているときに、「でも、ここがまずかった」などと口にしようものなら、まわりから「水を差す行為」だと非難されかねません。

けれども、うまくいったように見えても、現実にはささいなミスがあったり、反省すべき点があったりするものです。それを「気にしないでいこう」と見過ごすか、検証して2回目以降の成功を確実にするかは、まったく違う対応です。


落合博満によると、スポーツ新聞などで「会心の一発」と書かれたとしても、なかにはたまたまホームランになっただけ、というケースがあるそうです。

そんなとき、「結果オーライ」と「たまたま」から目を背けるか、「結果は良かったが、思い通りの打ち方はできなかった」とすぐにフォームの修正に努めるかで、その後の成長は大きく変わってくるでしょう。

成功して「うれしい」、失敗して「悔しい」だけでは進歩はありません。

その日のうちに反省し、答えを出し、次に試すからこそ成長できるのです。

WORDS OF HIROMITSU OCHIAI

第四章

前人未到の記録を残すために

WORDS OF HIROMITSU OCHIAI 47

どんなときにも志を高く持て

志の低い人間は、それよりさらに低い実績しか挙げられない

▼『野球人』

落合博満はドラフト3位でロッテに入団しています。当時の目標は「3年間プロのユニフォームを着る」というものでした。社会人時代には全日本の四番を打ったものの、高校や大学でさしたる実績を残したわけではなく、年齢も25歳とルーキーと呼ぶには年を取りすぎていただけに、「せめて3年は」という思いがあったのでしょう。

落合は「志の低い人間は、それよりさらに低い実績しか挙げられない」といいます。

1年目の落合は一軍で36試合、2軍で51試合に出場したものの、「若手の注目株」と呼ばれるほどの成績ではありませんでした。2年目もほとんどが二軍暮らしで、このままでは「プロのユニフォームに袖を通しているだけで満足する」選手になってしまうという不安があったといいます。

転機はイースタン・リーグの試合でした。調整のために二軍で投げていた一流投手・佐藤道郎のボールを打ち、ホームランにしたことです。

落合は一軍に上がることを強烈に意識するようになり、それが打者としての急成長へつながります。

高い志は人を大きく変えるのです。

WORDS OF HIROMITSU OCHIAI 48

誰かの記憶に残りたければ圧倒的な記録を残せ

25歳のプロ入りでは、王貞治さんの868本塁打や張本勲さんの3085安打に追いつくことはできないだろう。ならば、自分がトップに立てる記録は何があるのか

▼『落合博満とロッテオリオンズ』

落合博満がプロ入りしたのは25歳のときです。高校や大学を卒業してすぐにプロ入りする選手に比べれば明らかに遅く、当時としては「プロに入るにはギリギリ」の年齢でした。

若い頃の落合は「好きな野球だけできればそれでいい」と考えていたといいますが、やがて「野球で名を成す」ことを意識するようになります。

世の中には「記録より記憶に残る選手」という言葉もありますが、落合自身は「誰がなんと言おうと、この世界は数字ですよ」と言い切っています。

では、何の数字で勝負するか？

球界の最多本塁打を記録した王貞治も、最多安打記録を持つ張本勲も高校からプロ入りしています。

年齢的に2人には追い付けないと考えた落合が目指したのが3冠王でした。それも3回獲得すれば、王の2回を抜いてトップに立つことができる。とてつもない目標です。

落合自身、卓越したバットコントロールを活かして「おとなしく首位打者だけ獲っておけばよかったかな」（『決断＝実行』）と思うこともあるといいますが、これほどの記録を残したからこそ落合は「球史に名を残す」選手となったのです。

WORDS OF HIROMITSU OCHIAI 49

長期的視点で数字を見ろ

長い目で見れば、三割なんて、いける数字なんだ

▼『なんと言われようとオレ流さ』

企業が成長し続けるためには短期的視点から目先の数字ばかりを追うのではなく、長期的視点に立つことも大切だといわれます。

落合博満は現役時代、1打席1打席ごとの結果ではなく、10打数、100打数という、他の選手より長いスパンで計算をしていたといいます。

短期的な視点に立つと、どうしても目先の1本1本にこだわり、日々の打率の上下で一喜一憂することになります。

ところが、「100打数で30本のヒットを打てば3割になる」と考えると、仮に最初の10打数が不調でも、「残りの90打数で打てばいい」と考えられるので、気持ちが楽になるというのです。

目の前の不調に焦らず、「いくらでも埋め合わせができる」と考えるのが落合流の思考法でした。

監督時代の落合も勝ちへのこだわりは人一倍強かったものの、長嶋茂雄的に「毎試合勝ちに行く」ことは目指しませんでした。当時は130試合でしたが、優勝の目安が80勝とすると、50回は負けることになります。落合が追い求めたのは「50敗する間にどれだけ勝てるか」（『采配』）でした。長い目で見れば、戦い方も変わってくるのです。

WORDS OF HIROMITSU OCHIAI

50

悪評を圧倒的な数字でねじ伏せる

最初の三冠王を獲れた理由は勢いと運。でも2度目、3度目というのは、自信を持って狙いにいかなければ獲れない

▼『落合博満とロッテオリオンズ』

落合博満は三度の3冠王に輝いています。成績は次の通りです。

〈1982年〉
打率・325　本塁打32　打点99
〈1985年〉
打率・367　本塁打52　打点146
〈1986年〉
打率・360　本塁打50　打点116

落合は入団3年目に首位打者を獲得、翌年に3冠王を獲得していますが、最初の3冠王を獲ったときの数字に関しては、「こんな成績の三冠王なんて価値がない」

(『野球人』)と酷評されています。

落合自身が言うように、最初の3冠王は「勢いと運」に助けられた面はあるものの、この評価に怒りを覚えた落合はより高い数字での3冠王を目指します。

しかし、ブーマーという強敵が現れ、84年に3冠王を獲得、落合は4年ぶりの無冠に終わりました。「この気持ちを他の打者にも味わわせてやる」と誓った落合は「3つ狙う」という宣言通りに2年連続の3冠王を圧倒的な成績で達成してみせました。ハイレベルな2年連続3冠王は、最初の3冠王への低評価に対する落合からのアンサーでした。

WORDS OF HIROMITSU OCHIAI

51

成果を挙げたければはるか高みを目指せ

3割の壁を突破していく選手は、一度も3割をマークしていないにもかかわらず、3割3分あたりを目指している

▼『采配』

「160キロを目指していたら、158キロぐらいで終わっちゃう可能性があるので、目標数値は高めにしました」はメジャーリーガー・大谷翔平の言葉です。

花巻東高校時代、大谷は高校生としては初となる160キロを記録していますが、目標設定シートに「スピード160キロ」と書く一方、別の用紙には「163キロ」と書き込んでいます。160キロを出すためには、さらに高い数字を目指す方がいいというのが大谷の思考法でした。

落合博満も「達成するのは不可能ではないか」という目標を掲げることが必要だと考えていました。落合は3年目に首位打者を獲得して以降、毎シーズン「3冠王を獲ります」と宣言していましたが、その理由は、打撃タイトルをすべて獲ろうという目標を掲げて練習や試合に臨むからこそ、手に入れられると考えていたからです。

落合によると、3割を目標にすると、3割目前で「目標」が「ノルマ」に変わってスランプに陥りやすいのに対し、3割3分を目標にすれば、3割は「通過点」になるというのです。

掲げるならはるかに高い目標を掲げる。それが目標を確実に達成し、成長するコツなのです。

WORDS OF HIROMITSU OCHIAI 52

「したい」ではなく「する」と決める

プレッシャーなんていうのは、「なんとか取りたい」と思っている人間が感じるものだ。オレみたいに、開幕前から「取るぞ！」と心に決めている人間には、そんなものは関係ない

▼『なんと言われようとオレ流さ』

オリンピックに何度も出場したあるアスリートは、若い頃になかなか先輩に勝てず、日本代表になれなかった時期があるといいます。その頃は「代表になれたらいいな」「オリンピックに出られたらいいな」という願望しか持っていませんでした。

ところが、代表になって「オリンピックに出る」という強い気持ちに切り換えてからは、練習への取り組み方が一変。成績も一気に伸びたと話していました。

試合前から「この相手に勝てるはずがない」と思うと、気持ちで負けてしまい、結果もその通りになりがちです。

落合博満は、選手時代には毎年「3冠王を獲る」と言い続けていますし、チームがピンチのときにはマウンドに駆け寄って、「次の打席でホームランを打つから」と投手を励ますこともありました。

中日の監督就任時も、補強なしの「優勝」を公言しています。こうした発言はプレッシャーにならないのでしょうか。

落合は、「獲りたい」「打ちたい」「優勝したい」だとプレッシャーを感じてしまうのに対し、「獲る」「打つ」「優勝する」と最初から決めていれば、気負いもなくなるといいます。「願望」ではない、明確な「目標」は心を強くしてくれるのです。

WORDS OF HIROMITSU OCHIAI 53

勝ちたいなら常に相手の先を行け

どんな場合でも、勝負事は一歩でも半歩でも先を走っている者のほうが有利である

▼『コーチング』

アメリカのＩＴ企業は創業期から「急速に大きくなる」ことを目指します。利益を犠牲にしてもまず大きくなることで、ライバルをリードできるだけでなく、のちに大きな利益を得られるからです。

ビジネスにおいて先を行く者が有利であるのと同じように、勝負ごとにおいても先を走る方が有利であるというのが、数々のタイトルを獲得してきた落合博満の考え方です。

なかには「追いかける方が有利」と言う人もいるようですが、落合は、「数字を積み重ねる勝負事に『追いかける方が有利』という状況は決してない」（『野球人』）と断言しています。

本塁打王を争うとき、落合がたとえ１本でもリードしていれば、追いかける選手は落合より１本多く打たなければ並べません。さらに、２本多く打たない限り、リードすることはできないのです。

試合数が少なくなり、マスコミも騒ぐなか、それを楽に実現してしまうとしたら相当な力量の持ち主でしょう。普通なら焦れば焦るほど打てなくなるはずです。

だからこそ落合は、できるだけ早くリードし、余裕のあるうちに自分に「追い込み」をかけてタイトルを手中にしてきたのです。

WORDS OF HIROMITSU OCHIAI

54

失敗の「種類」を見極める

何も反省せずに失敗を繰り返すことは論外だが、
失敗を引きずって無難なプレーしかしなくなる
ことも成長の妨げになる

▼『采配』

ビジネスの世界では「失敗には許される失敗と許されない失敗がある」と言われることがあります。

慣れた仕事での失敗は許されませんが、新しいことや難しいことに挑戦した結果の失敗は許される、という意味です。

落合博満は、ミスをした選手がきちんと反省していれば叱りませんでした。

しかし、反省をせず同じミスを繰り返す選手や、やるべき行動を怠った選手は、とても厳しく叱ったといいます。

投手が牽制を怠ってやすやすと盗塁された、捕手が深く考えずにリードをした、あるいは野手がやるべきカバーリングを怠った。これが、やるべきことをしなかった〝怠慢プレー〟です。

一方、責めるべきでないミスもあります。たとえば、浅いフライをキャッチしようと猛然と前進し、スライディングキャッチを試みたのに、あと一歩が届かず打球を後逸した。

このミスを叱ると、その選手は次から後逸を恐れて安全にワンバウンドで捕球するようになるからです。

失敗を恐れ、叱責を怖がると、人は無難な選択ばかりするようになります。大きな成果や成長を目指すなら、ミスの種類を見極めることが必要なのです。

WORDS OF HIROMITSU OCHIAI 55

不可能でも「完璧」を追い求めろ

パーフェクトに近づくための時間と労力は惜しまない

▼『コーチング』

「バッターは3割打ってすごいと言われますけど、やっぱり一度のミスもなく打率10割のときに100%と思えるんじゃないですかね」とは大谷翔平の言葉です。

大谷は投手としても、「27球（1試合すべて初球で打ち取る）のピッチングと81球（全員を3球三振に打ち取る）のピッチングのバランスを併せ持っているのが理想」と言っています。どちらも不可能と言えるほど高い目標ですが、それを目指すからこそ大谷なのでしょう。

落合博満はもう少し現実主義者かもしれません。プロ野球選手の仕事は数字を出すことですが、打率10割や防御率0・00はあり得ないし、「パーフェクトな人間がいないのと同様に、仕事でパーフェクトな成果を挙げるのも不可能に近い」と話しています。

ただし、こうも言っています。

「パーフェクトに近づくための時間と労力は惜しまない。それを惜しんだら仕事は前に進んでいかないし、人間的な成長も見込めない」

落合は3冠王を目指すからこそタイトルが獲れると考えていました。

確かに、人ははるか高みを目指してこそ納得のいく成果を挙げることができるのです。

WORDS
OF
HIROMITSU
OCHIAI

56

自分に勝ち、相手に勝ち、数字に勝つ

自分のスキルを成熟させながら3つの段階の戦いに直面することになる。それは、自分、相手、数字だ

▼『采配』

落合博満は、「自分、相手、数字」の3つに勝利しなければ一流にはなれないといいます。

「自分との戦い」とは、最初は上司や監督、コーチなどの指導を受けながら基礎を身につけ、やがて自分で考え、自分で成長していくということです。

一人前になるためには人任せではダメで、自分で自分を鍛えていくことが欠かせません。

また、自分では一人前になったつもりでも、それだけでは不十分。レギュラーになるためにはライバルとの戦いに勝たなければなりません。

さらに、良い成績を上げたとしても、相手チームは必死に研究して対策を練るわけですから、過去の自分を上回るほどの成長がなければ、頭打ちになってしまいます。

さらに難しいのが「数字」との戦いです。プロ野球選手は日々の成績がオーロラビジョンに表示されるだけに、数字を意識しすぎる面があります。大胆に動けなくなったり、自信を失ったりすることもあるでしょう。数字は自信にもなれば、枷《かせ》にもなるといいます。

自分、相手、数字との戦いに勝ってこそ、人は本物のプロになれるのです。

WORDS OF HIROMITSU OCHIAI 57

データを鵜呑みにするな

大切なのは、どれだけデータを持っているかではなく、自分自身がどれだけのデータを含めた分析力を備えているか

▼『采配』

データの入手法は知っているが、データの利用方法は知らない。これは経営学者ピーター・ドラッカーの言葉です。

今の時代、ビジネスでもスポーツでも山のようなデータが手に入りますが、その活かし方は人によってさまざま。そして、その差が成果の差となっています。

落合博満の現役時代は、今ほどではないにせよ、それなりにたくさんのデータがありました。

しかし、それは「あくまでも過去のデータ」（『なんと言われようとオレ流さ』）という認識だった落合は、生身の人間である投手も打者も、データ通りにはいかないと考えていました。

確かに投手も打者も日々コンディションが変わるだけに、データを鵜呑みにするだけでは、うまくいきません。

グラウンドに立ち、相手の動きを見て、自分の体を動かして、頭を使ってボールを打つことが大切なのだ。落合はそう考えていたのです。

もっとも、選手としても、監督としても、落合はデータを活用していなかったわけではなく、否定はしていません。

データを参考にしながらも、自分自身の頭と体で答えを出してきたからこそ、輝かしい成果を生み出せたのです。

WORDS OF HIROMITSU OCHIAI

58

年齢を言い訳にするな

十代、二十代ではできないものが三十代にはできる！　——これがベテランの味さ

▼『なんと言われようとオレ流さ』

落合博満は25歳でプロ野球選手となり、45歳まで現役を続けています。引退時の年齢という点では王貞治を5歳上回り、長嶋茂雄を7歳上回っています。

さらに年齢的に2000本安打や500本塁打は難しいと見られていた時期もありますが、最終的に2371本のヒットを打ち、510本のホームランを記録しています。

さすが3冠王を3回獲得した選手ですが、そんな落合も、1994年に40代で巨人に移籍してからはタイトルから遠ざかっています。

しかし、その一方で巨人在籍の3年間で二度のリーグ優勝に貢献するなど、チームリーダーとしては存分にその力を発揮しました。落合はこう言います。

「パワーやスピードは年齢を重ねるに従って衰えていくが、試合の流れをつかむ感覚や勝利を呼び込む大切な場面でのプレーには磨きがかかっていく」(『野球人』)

誰しも年を取るだけに、10代、20代の頃の体力やパワー、スピードを維持するのは難しいでしょう。けれども30代、40代だからこそできるプレーもあります。

それができたからこそ、落合は45歳まで現役で活躍することができたのです。

WORDS OF
HIROMITSU OCHIAI

第五章

「落合博満」という生き方

WORDS OF HIROMITSU OCHIAI

59

オリジナルは懸命な学びと模倣から生まれる

世の中の人たちが言うオレ流って、自分に言わせれば、堂々たる模倣なんだと思う

▼『嫌われた監督』

「みる」には3つあります。一般的な「見る」に対して、観察する「観る」もあれば、診察の「診る」もあります。どの「みる」で「みる」かによって、見え方も得るものも大きく変わってきます。

監督時代の落合博満がしばしば口にしていたのが同じ位置から選手を見ることでした。そうすることで日々の打撃の変化もわかるし、守備の衰えや進化もわかります。それが選手の起用や育成、アドバイスの元になっていました。

落合は選手時代から「みる」ことを大切にしていたといいます。落合はロッテの新人時代、先輩の土肥健二のバッティングフォームを見て学ぶことで技術を身につけましたが、一軍に定着してからは対戦相手の選手の打撃を食い入るように見つめることでボールの捉え方や運び方を学んでいます。

観察は打撃だけとは限りません。選手として中日に移籍した際には、広島のヘッドコーチのタイムの取り方から、若い選手へのアドバイスの仕方や間の取り方を学び、参考にしました。落合によると、こうした観察や学び、模倣の集大成が「オレ流」なのです。「見る目を養うこと」もプロとして成長するための技術なのです。

WORDS OF HIROMITSU OCHIAI 60

ひとりが壁を超えれば後続者は楽になる

長嶋さん、王さんが先頭に立ってくれていたら選手の給料はもっと上がっていただろう

▼『落合博満とロッテオリオンズ』

2023年シーズンオフに大谷翔平がドジャースと10年7億ドルの大型契約を交わしました。契約成立当時のレートで年俸が100億円を超えたわけですから、かつて日本のプロ野球が1億円の攻防をしていた時代とは隔世の感があります。

日本のプロ野球界で初めて年俸が1億円を超えたのは落合博満です。1985年オフ、2度目の3冠王に輝いた落合の年俸は9700万円でした。

落合は1986年にも3冠王を獲得。2年連続3冠王を達成しますが、契約交渉が難航し、最終的に中日にトレードされました。そこで年俸1億3000万円と初の1億円超えとなります。その3日後には、西武の東尾修も1億円の契約が成立。落合が壁を超えたことで1億円は選手に手の届く数字となりました。

今や1億円の年俸は珍しいものではなくなりましたが、当時は「何で野球選手が1億円もらうんだ」という声が多く聞かれました。落合は、時に「銭ゲバ」的な批判を浴びましたが、本人は「選手はほしいだけもらえばいい」、ただし「高い給料をもらったら、もらったなりのことはしなきゃいけない」と考えていました。そこには、結果を出し続けてきた者の揺るぎない自信がありました。

WORDS OF HIROMITSU OCHIAI 61

迷ったら後悔の少ない方を選べ

プロ入りするには遅い年齢だよ。でも、チャンスはつかむほかないんだ。誰のものでもない、俺の人生なんだから

▼『落合博満とロッテオリオンズ』

落合博満がプロのスカウトから注目されるようになったのは東芝府中に入社してからです。高校では野球部への入退部を繰り返し、大学も中退していただけに東芝府中の主軸として都市対抗野球への出場を決めたり、イタリアでの世界大会で全日本の四番を打ったりして、ようやくその打撃に注目が集まったのです。

落合のもとを10球団のスカウトが訪れました。「指名されればどこへでも行く」と決めていたものの、ロッテの3位指名を受けたときにはすでに25歳でした。

とはいえ、甲子園や六大学で活躍した選手でもなければ、18歳、22歳の選手でもありません。当然、不安があったといいますが、のちにこう答えています。

「ダメだったら、また別の仕事を探せばいい。ただ、40、50になって、『あの時、もしプロに入っていれば』と後悔だけはしたくなかった」(『なんと言われようとオレ流さ』)

アマゾンの創業者ジェフ・ベゾスが人生の選択は、どちらの後悔が少ないかを基準にすると話していますが、落合にとっても「悔いが残らないか」が選択の理由でした。

チャンスの女神には後ろ髪はありません。つかむ機会は一度だけなのです。

WORDS OF HIROMITSU OCHIAI

62

現場のことは現場の人間が一番よく知っている

目の前の危機はグラウンドに立つ選手の方が敏感に感じる

▼『プロフェッショナル』

ビジネスの世界では、「上は現場のことをわかっていない」という不満がくすぶることがあります。トップは真剣に方針を決めているのですが、ときには現場の感覚と乖離《かいり》が生じることもあるでしょう。「何でも現場任せ」も困りますが、「現場を知らなすぎる」のもまた、問題です。

落合博満は選手時代、トレードで移籍した中日や、フリーエージェントで移籍した巨人でリーダーシップを発揮します。

とくに巨人移籍1年目に長嶋巨人を日本一に導くなど、その効果は「落合効果」とも呼ばれています。

落合は連敗が続き、選手が浮足立ったときによくミーティングを開きましたが、何より特徴的だったのが「グラウンドの監督」と呼ばれたように、ピンチのときにマウンドに行って投手や捕手、内野手に声をかけていたことです。

落合はこうした「間の取り方」を広島のヘッドコーチ田中尊《たかし》から見て学んだと話しています。それができたのは、目の前の危機はグラウンドに立つ選手の方が敏感に感じていると、落合自身がよくわかっていたからでしょう。

強い組織に欠かせないのは、トップが現場を尊重し、現場に寄り添う空気なのです。

WORDS OF HIROMITSU OCHIAI

63

期待してくれる人がひとりでもいれば頑張れる

どれくらい期待されるかに個人差はあっても、誰からも期待されない人などどいないない

▼『決断＝実行』

落合博満はドラフト3位でロッテに入団しています。ドラフトで指名されるだけでもすごいことですが、それでもドラフト上位には甲子園で活躍した選手や、六大学で活躍した選手といった「期待の逸材」が顔を並べるだけに、その指名がマスコミで華やかに報じられることはありませんでした。

しかも、入団当初の落合は監督の山内一弘から「あのフォームではインコースは打てないだろう。プロでは無理だ」と言われ、キャンプ地を訪れる野球評論家の多くも同様の評価でした。

いわば、「誰にも期待されずにスタートした」のが落合の1年目だったのです。

それでも落合によると、「期待してくれた人が1人もいなかった」わけではないといいます。

監督に見放されても練習を手伝ってくれるコーチもいたし、山内監督のアドバイスものちに「なるほど」と理解できるものだったとも話しています。

中日の監督に就任した際も、落合のやり方を批判する人が多いなか、川上哲治や廣岡達朗といった監督経験者は「これなら勝てる」と言ってくれました。

期待の大きさに差はあっても、誰からも期待されない人はいないのです。

WORDS OF HIROMITSU OCHIAI 64

言い訳できない状況に自分を追い込む

他人の言うことを聞いて成功しなかったら悔いが残る

▼『野球人』

落合博満はロッテに入団した1年目、アッパー気味に振り抜く手法を酷評され、監督の山内一弘から熱心に指導を受けています。しかし、言われた通りにやろうとすればするほど打球が飛ばなくなり、「俺のことは放っておいてください」とその指導を断っています。

1年目のルーキーとしては驚くべき勇気ですが、そこまで言い切ったのは、「他人の言うことを聞いて成功しなかったら悔いが残る」という思いからでした。

落合は期待のルーキーではありませんでしたが、それでも社会人代表時代に全日本の四番を打ったという誇りがありました。また、自分を社会人として、野球選手として育ててくれた東芝府中の仲間たちのためにも、3年間はプロのユニフォームを着ることが「笑われない最低限のノルマ」だと、考えていました。

その「ノルマ」を果たすためには、後悔しない野球をしようと考えたのです。

指示通りにやって結果が出ないと、人は指示した人に責任を転嫁します。けれども、自分の意思でしたことなら、責任を負うのは自分ひとり。それで結果が出なくても、後悔はないでしょう。

つらくとも、むしろ清々しい思いが残るはずなのです。

WORDS OF HIROMITSU OCHIAI 65

まわりのことは気にせず やりたいことをやれ

しっかりと結果を残せば周りは何も言わなくなる

▼『決断＝実行』

アップルの創業者スティーブ・ジョブズは、若い頃「暴君」と呼ばれて批判され、自分のつくった会社から追放されました。危機に陥ったアップルに請われて復帰した後は「世紀を代表するＣＥＯ」と讃えられています。若い頃のジョブズの掲げたビジョンは、周囲から「突飛なもの」と見られましたが、数々の実績を重ねるうちに彼のビジョンは「誰もが信じるもの」となったのです。

落合博満は若い頃は監督の指導を拒否して我が道を行く選手であり、最初の３冠王のときでさえ、「こんな成績の３冠王なんて価値がない」と批判されます。

ところが、三度の３冠王を獲得してからは少なくとも落合の野球について否定的な意見を口にする人はいなくなりました。中日の監督に就任した際も、最初はキャンプ初日からの紅白戦や補強なしで優勝を目指すといった発言が、「そんなこと、できるわけがない」と批判されましたが、８年で四度の優勝を果たしたことは衆知の事実。今、監督としての落合を批判する声はありません。

自分がやろうとすることがまわりから何と言われるかなど、気にする必要はありません。結果を出せばまわりは認めてくれるし、何も言わなくなるのですから。

WORDS OF HIROMITSU OCHIAI

66

悔しさを力に変えていけ

野球なんてものは年齢でやるもんじゃない

▼『不敗人生』

落合博満は引退前の2年間、日本ハム時代こそ期待に応える数字を残すことはできませんでしたが、40代で移籍した巨人での成績は次の通りです。

〈1994年〉
打率・280　本塁打15本　打点53
〈1995年〉
打率・311　本塁打17本　打点64
〈1996年〉
打率・301　本塁打21本　打点60

落合が巨人入りする前、多くのOBは体力の低下や成績の低下を予想しましたが、95年に3割を超える打率を残したことで落合への評価は一変します。

落合がこれだけの成績を上げられたのは「野球は年齢でやるものじゃない」という思いと、外野のうるさい評論家たちに対する反発心からでした。

うるさく言う評論家たちは40歳過ぎて野球をやっていたのか。そのとき、3割を打っていたのか。やったことのない人間を黙らせるには数字を残すしかない。落合は「コンチクショー」と思いながら野球をやっていたといいます。

落合は屈辱を力に変えながら、限界説と戦い続けたのです。

WORDS OF HIROMITSU OCHIAI 67

幸せとは大好きなことを長く続けられること

これから4番目の球団に入団するわけだけど、（中略）それだけでも幸せなことじゃないかな

▼『不敗人生』

落合博満は大学中退後、プロボウラーを目指して練習に励んだ時期があります。しかし、その後、東芝府中に就職したことで本格的な野球人としての生活が始まりました。

現役引退後、ボウリングのイベントで見事な成績を上げた落合を周囲は「プロボウラーとしても大成した」と称賛しましたが、落合は「私は野球しかできないと思っています」とコメントしました。

20年もの間、野球を続けられたことを落合は誇りに思っています。その間、三度の3冠王をはじめ、いくつもの記録を達成していますが、その記録については「長く野球をやっていれば、いろんなことがあるさ」と淡々と語っています。

重要なのは、大好きな野球を続けてこられたことでしょう。長く現役を続ければ、たいていの記録は文字通り通過点にすぎません。

だからこそ、最後のチームとなる日本ハムへの入団に際しても、「これから四番目の球団に入団するわけだけど、それだけでも幸せなことじゃないか」とコメントしたのです。

選手として求められ続けること、野球を続けられること、それが落合にとっての喜びでした。

WORDS OF HIROMITSU OCHIAI 68

やるべきことをやり切れば後悔などない

やるだけのことをやって、準備するだけのことはして、それでもダメなら、それは相手の力が上だったのだ

▼『コーチング』

プレッシャーのかかる場面でも結果を出せる人もいれば、プレッシャーに押しつぶされて持てる力を存分に発揮できない人もいます。

落合博満は現役時代の多くを「四番打者」として勝負してきましたが、プレッシャーとどのように向き合ってきたのでしょうか。

落合は人前ではともかく、見えないところでの練習はとことんやっていました。

どんなときでもセンター返しのバッティングをするという明確な目標を持ち、その先には「3冠王を獲る」という目標も掲げていました。

だからこそ、打席に立つときには「自分の中でやるべきことはやった」という実感を持っていました。

そのおかげで素晴らしい成績を上げられたのですが、一方でたとえ三振しても、「相手が上だった。次の打席では打ってやろう」と前向きに考えることができたといいます。

「やるべきことをやった」という自信があれば、「ここで三振したらどうしよう」などと不安にかられたり、余計なプレッシャーを感じたりすることはありません。

準備と自信、それこそがプレッシャーに負けずに結果を出す秘訣なのです。

WORDS OF HIROMITSU OCHIAI

69

自分が一番いい仕事ができる場所を目指せ

世の中は（中略）どんな功績のある人間が抜けたとしても、次の日からも同じように動き続ける

▼『コーチング』

1974年に長嶋茂雄が現役を引退した試合を落合博満は後楽園球場で見ていました。当時、20歳だった落合は「長嶋茂雄さんが引退したら、日本のプロ野球も終わるのではないか」と真剣に考えたといいます。

ところが、実際にはそんなことはなく、1980年に王貞治や野村克也が引退した後も野球が終わることはありませんでした。その後、落合が82年、85年、86年と3冠王を獲得。落合自身、「若い頃はONが引退したらプロ野球は終わると思っていたけど、そこには自分が立っていた」（『Number』1058・1059）と話すように、ONなき後は落合という大打者が現れ、その後もイチローや松井秀喜、大谷翔平といったスーパースターが次々に登場しています。落合が言ったように「世の中は、どんなに功績のある人間が抜けたとしても、次の日からも同じように動き続ける」のです。

落合はほとんどのチームで四番を打つ強打者でしたが、「自分がいなければ」という心境になったことはないといいます。考え方としては「どこにいれば一番いい仕事ができるか」でした。「自分がいなければ」と己の存在を誇示するのは、周囲にとっては迷惑なことなのです。

WORDS OF HIROMITSU OCHIAI

70

常に責任を果たす人になれ

これで（自分が入団して）長嶋監督のクビを切ったら、末代までのいい笑い者になる

▼『不敗人生』

落合博満の野球に対する考え方は「プロにチームワークなんていらない。それぞれが自分に任された役割を全うすればチームは勝つ」（『落合博満とロッテオリオンズ』）というものです。

言葉だけ聞くと「自分さえよければチームなんかどうでもいい」と言っているようにもとれますが、根底にあるのは選手一人ひとりが成長し、持てる力を発揮すれば、あとは監督の采配次第で勝てる、という考え方です。チームのために自分を犠牲にすることではありません。

しかし、そんな落合が個人よりもチームの優勝を前面に打ち出したのが、ＦＡで巨人に入団したときです。

記者会見の席上、落合は「これで長嶋監督のクビを切ったら、末代までのいい笑い者になる」と長嶋監督を胴上げするために全力を尽くすと宣言しています。落合にとって「四番サード長嶋」は少年時代からあこがれの存在だったのです。

また、初めてＦＡを行使した者の責任も感じていました。ＦＡで入団した選手が活躍しなければ、それはその選手を獲った監督の責任にもなります。言葉通り、落合は巨人での3年間で二度のリーグ優勝を果たし、退団の会見で「仕事はやり終えた」と満足そうに話しています。

WORDS OF HIROMITSU OCHIAI 71

「四番目のバッター」ではなく「四番打者」であれ

チームで一番打てる四番が「球速いぞ」なんて言ったら、全員がダメになっちゃう。だから四番がそんなことを言っちゃいけないんだ

▼『落合博満とロッテオリオンズ』

今でこそ、大リーグなどでは最も打てるバッターは四番ではなく、三番や二番を打つことが増えていますが、やはり野球の世界では「四番」という打順に特別な響きがあります。

プロに進むような選手であれば、子ども時代に「エースで四番」だった人も多く、四番は強打者の代名詞と言えます。

落合博満もプロで長く四番を務めただけに、チームが勝つためには「エースと四番」がしっかりしていることが大切だと考えていました。

ロッテの四番を務めていたとき、ある試合で振り遅れたのか空振り三振に終わったことがありました。ベンチの選手たちが「球、来てますかね？（良いボールですか？）」と尋ねると、落合は「大したことねえよ、あんなボール。打てるよ」と答えたのでした。

試合後、落合は打撃指導を含めて面倒を見ていた愛甲猛にこう話します。

「チームで一番打てる四番が『球速いぞ』なんて言ったら、全員がダメになっちゃう。だから四番がそんなことを言っちゃいけないんだ」

落合にとって、四番打者は「四番目のバッター」ではなく、あくまでもチームを背負って立つ「四番打者」なのでした。

第六章

落合博満はこう考える

WORDS OF HIROMITSU OCHIAI

WORDS OF HIROMITSU OCHIAI

72

思ったことは堂々と口にしろ

次の打席で必ず打つから、ここは踏ん張って

▼『Number』1058・1059

落合博満は「有言実行の人」です。

中日時代に投手と四番の関係だった山本昌によると、開幕から良いピッチンをしてもなかなか勝てずにいたところ、試合前に落合がやって来たといいます。

落合は「今日、オレが打って勝たせてやる」（『証言　落合博満』）と言い、その言葉通り4打数4安打6打点の活躍で初勝利をプレゼントしてくれたのでした。

こうした「目指すことを先に言う」のは社会人野球時代からです。

都市対抗出場を目指す戦いのなか、落合はピンチになるとマウンドに来て、「次の打席で必ず打つから、ここは踏ん張って」と励まし、その言葉通りに猛打で第一代表を勝ち取っています。

ロッテ時代もエースの村田兆治がトミージョン手術から1073日ぶりのカムバックをした試合で、6回に2ランを放って援護射撃。さらに8回のピンチではマウンドで、「ここ踏ん張ってください。2本目を打ちますから」（『落合博満とロッテオリオンズ』）と勇気づけ、その言葉通りに2ランを打って村田に勝利をもたらしています。

目指す目標があるなら、まずそれを言葉にしてから実行する。それが落合のやり方でした。

WORDS OF HIROMITSU OCHIAI

73

「知っている」という思い込みが成長を止める

わからないことは「わからない」と言う

▼『コーチング』

大谷翔平が二刀流への挑戦を表明したとき、ほとんどの評論家が否定的な言葉を口にしました。そんななか、落合博満はその挑戦を後押ししました。それだけに、今も大谷の活躍を喜び、期待して注目していることが落合のユーチューブチャンネルから伝わってきます。

大谷の活躍の理由やスイングについてもしばしば解説していますが、一方でひじの手術がバッティングにどのような影響を与えるかについては、「わからない」と答えています。理由は「自分は経験したことがないから」。何事につけ、わからないときは「わからない」とはっきり

答えるところに落合の特徴があります。

「私はテレビで野球解説をしているが、アナウンサーに何かを聞かれて、わからないときは『わかりません』と言う。嘘を言う必要はないし、間違ったことを話すのは無責任だ」は落合の言葉です。

世の中には「わからない」と言うのは沽券《こけん》にかかわると思うのか、決して「わからない」と口にしない人がいます。

しかし、すべてを知り尽くしている人などいません。わからないことがあると自覚し、それをはっきりと口にする。わかっているところまでは丁寧に教える。

ここに落合の誠実さがあるのです。

WORDS OF HIROMITSU OCHIAI 74

技術力の伸びは人間的な成長があってこそ

建前と言われようが、学生なら勉学、社会人なら仕事が本分だということを忘れさせてはいけない

▼『落合博満とロッテオリオンズ』

落合博満は野球エリートではありません。それどころか、高校時代は野球部の入退部を繰り返し、東洋大学を中退後、郷里の秋田でプロボウラーを目指すという生活を送っています。勉強もスポーツも中途半端な学生生活でした。

そんな落合が変わったのは20歳のとき。母校・秋田工業高校の野球部長だった教師の紹介で東芝府中で働くようになったことがきっかけでした。

野球部の選抜に合格、臨時工員を経て正社員となった落合は、上司から「風邪だとか腹が痛いと言って欠勤するなよ。体の具合が悪くても、這《は》ってでも出社しろ」と言われます。

言葉だけ聞けばパワハラですが、有給休暇は遊びたいときに使うもの、という考えからのものでした。

野球好きな上司の応援もあり、最初は退勤後の夕方から練習に励んだ落合でしたが、２年目からチームの四番に座り、チームも都市対抗に出場するほどの強豪に成長。落合もやがて全日本の四番を任されるほどの選手となります。

自身の社会人としての成長が野球の上達にもつながったことから、落合は人としての成長なくして技術の伸びはない、と考えていました。

WORDS
OF
HIROMITSU
OCHIAI

75

2位に甘んじるな、
いつだってトップを目指せ

「準優勝おめでとう」の言葉など、何の慰めにもならない

▼『采配』

ユーチューブの動画でイチローが日本で7年連続首位打者を獲得したときに「2位は誰か」という企画を見たことがあります。そこにはのちに大リーグに移籍する選手の名前も挙げられていましたが、1位と2位の打率には大きな差があり、「これじゃあ、2位なんて誰も覚えていないな」と感じたものです。

オリンピックでも、記憶に残るのは金メダルの選手で、銀、銅メダルの選手は記憶に残らない、とよくいわれます。

もちろん銀も銅も素晴らしいし、打率2位もすごいことでしょう。

しかし、落合博満が言っているように、「勝負の世界においては、一番と二番には天国と地獄にたとえられるほどの差がある」のです。

プロ野球の監督たちも「優勝以外は2位も最下位も同じ」という言い方をする人がいます。そんな世界で生きてきた落合だけに、スポーツ大会での「準優勝おめでとう」に違和感を覚えるのは当然のことなのでしょう。

ビジネスの世界でも1位は自分で命運を動かせるが、下位の企業は苦しむことが仕事になるとも言われます。

厳しいようですが、やはり目指すべきはナンバーワンなのです。

WORDS OF HIROMITSU OCHIAI

76

自分のルーティーンを大切にしろ

ほら言ったろ。お前は食べなきゃダメだ。そういうこと、ちゃんとやっとけ

▼『証言　落合博満』

落合博満は、選手同士で群れる、派閥をつくる、といったことをしませんでした。けれども日頃から他の選手のことはよく見ていたようです。

1986年、落合は世紀のトレードで中日に移籍します。

ある日、山本昌が先発当日の練習を終えて食事をしていると、落合から「カレーあるか」と声を掛けられます。

あいにくカレーはありませんでした。すると、落合はホテルのケータリングの人に頼んでカレーを届けさせ、「お前、カレー食え」と勧めたのです。山本は、試合前夜はカレー、当日もカレーと決めていました。試合当日は緊張して食事が喉《のど》を通らなくなるのですが、カレーだけは食べることができたからです。

結果、山本は見事に完封、落合からは「ほら言ったろ。お前は食べなきゃダメだ。そういうこと、ちゃんとやっとけ」と言われたのです。

落合自身、現役の頃はゲン担《かつ》ぎをしていました。開幕日にはバットを仏壇に置いて、「今年も打てますように」と手を合わせ、3冠王を獲るために午前3時33分から自主トレを開始していました。

落合は自分のゲン担ぎだけでなく、他の選手の習慣もよく見ている人でした。

WORDS OF HIROMITSU OCHIAI

77

情報の伝わり方に気を配れ

本人はいいけど、奥さんや子供や親戚が読んだらどう思うんだ？

▼『Number』1058・1059

落合博満は、ユーチューブなどを見てもわかるように、決して寡黙な人ではなく、経験をベースにした興味深い話をする人です。

しかし、中日の監督時代、徹底した情報統制を敷いたことで、マスコミからの評判はあまりよくありませんでした。

雑誌『Number』の記者が野村克也と落合を対比してこう話しています。

「楽天担当時代、野村監督がいればネタに困った記憶はないです。マスコミも利用してナインを発奮させ、チーム強化に役立てていました。一方、落合さんは報道陣に機密が漏れないよう、神経をとがらせていた印象があります」

落合がマスコミ対応に神経をとがらせるのは、「選手が知るより先に新聞が報じるようなことがあってはならない」という思いと、選手時代に経験した「メディアを介した情報」が引き起こす混乱やトラブルを避けるためでした。

選手と監督、選手と球団代表が直接話したのならともかく、そうでないことがメディアを通して選手に伝わると、思わぬ誤解を招くことになります。

監督・落合にとって最も大切だったのは、マスコミの評判ではなく、「選手を守る」ことだったのです。

WORDS OF HIROMITSU OCHIAI

78

自分を支えてくれる人を大切にしろ

母ちゃんと話してこいよ。いいか。ひとりで決めるんじゃねえぞ

▼『嫌われた監督』

今の時代、結婚を勧めることさえパワハラやセクハラになりかねませんが、落合博満は監督時代、若い選手に「いい人が見つかれば、少しでも早く結婚した方がいい」(『采配』)と話していました。

落合自身は、年俸360万円で一軍に定着していなかった時代に信子さんと出会い、結婚しています。それから、「好きな野球さえできれば」という欲のない生き方から、3冠王を本気で目指す野球人に変わることができました。

落合が中日の監督に就任した1年目、長く投げることができなかった川崎憲次郎を開幕戦に先発させています。マスコミに「奇策」ととられましたが、「もがき苦しんできた投手が投げる姿」を見せることでチームが生まれ変わるのではという「期待」からの先発でした。

その期待通りチームは優勝しますが、落合はシーズン終盤に川崎に「やめるか、他球団に移るか」を選択させます。その際、落合は川崎に「(ひとりで決めずに)母ちゃんと話してこいよ」と声を掛けました。そして引退試合を用意します。

野球選手は周囲の支えがあってこそ活躍できます。アスリートにとって、かたわらで支えてくれた人は、最も大切にすべき存在なのです。

WORDS OF HIROMITSU OCHIAI 79

ボロボロになった先に見えてくるものがある

50歳までやれ。50までやった意味は（現役を）辞めたらわかる

▼『証言　落合博満』

アスリートが何歳まで現役を続けられるかは、種目によって差があります。

プロ野球の世界では、39歳でホームラン王に輝いた山崎武司や、落合博満と同じ45歳まで現役を続けたイチローや野村克也など、40代になっても現役として活躍する選手が増えてきました。

なかでも山本昌は投手として50歳まで投げ続け、219勝を挙げたほか、数々の最年長記録を更新、2022年には野球殿堂入りを果たしています。

山本は落合監督時代の四度の優勝に貢献したほか、GMとなった落合から「2年契約にするから50歳までやれ」と50歳までの現役を後押しされています。

では、なぜ50歳だったのでしょうか?

落合は自らの経験を元に「45歳でボロボロになるまでプレーしたからこそ、見えてくるものがある」と振り返っています。

長く現役を続けると、「まだユニフォームを着るつもりか」と揶揄《やゆ》する声も聞こえるといいます。しかし、落合自身は年長の選手にも「悔しかったら俺がやめた45歳までやってみろ」というメッセージを心の中で投げかけているといいます。

野球というスポーツは、いくつになろうと覚えることとやることがたくさんある。それが落合の考え方なのです。

WORDS OF HIROMITSU OCHIAI

80

本当に面白いのは、やはり勝つこと

生まれ変わったら、もう野球はやらないだろうな。毎日、映画を観て暮らすよ

▼『嫌われた監督』

落合博満は『戦士の休息』という映画評論集を出しているほどの映画好きです。

高校時代、落合が野球部での理不尽ないじめや暴力を嫌い、何度も入退部を繰り返したことはよく知られています。

このとき、野球部の練習をサボっては映画館に入り浸っていたといいますから、生粋の映画好きなのでしょう。

落合の映画好きはその後も続き、選手時代にはオフになると自分でビデオを借り、自分で返却しに行くこともあったといいます。こう振り返っています。

「100本近くの映画を観るんじゃないかな。1日に4、5本観ることもあるよ。でも、頭には残っていない。だから、見始めて『あ、これ、見たことあるわ』と気が付くことがよくある」(『不敗人生』)

落合によると、映画の制作者が傑作をつくろうという意気込みでつくった映画がヒットするとは限らないように、野球の監督にも同じような悩みがあるといいます。

それでも落合は、映画制作者がヒットを願うように、「本当に面白い野球とは、やはり勝つこと」(『采配』)という信念を持っていました。

勝ちにこだわり、勝ちを取りに行く。

これこそが、監督落合の持つ「気迫」なのです。

「落合博満」参考文献

『決断＝実行』
落合博満著、ダイヤモンド社
『采配』
落合博満著、ダイヤモンド社
『コーチング　言葉と信念の魔術』
落合博満著、ダイヤモンド社
『野球人』
落合博満著、ベースボール・マガジン社
『なんと言われようとオレ流さ』
落合博満著、講談社
『不敗人生　43歳からの挑戦』
落合博満、鈴木洋史著、小学館
『プロフェッショナル』
落合博満著、ベースボール・マガジン社
『勝負の方程式』
落合博満著、小学館
『嫌われた監督 落合博満は中日をどう変えたのか』
鈴木忠平著、文藝春秋
『証言 落合博満 オレ流を貫いた「孤高の監督」の真実』
山本昌、和田一浩他著、宝島社
『日本野球25人　私のベストゲーム』
スポーツ・グラフィック　ナンバー編、文藝春秋
『ベースボールマガジン別冊新年号（2024年1月）落合博満とロッテオリオンズ』
「ベースボールマガジン」編集部編、ベースボール・マガジン社
『Number（1058・1059）合併号　似て非なる名将　落合博満と野村克也』
Sports Graphic Number編　文藝春秋

桑原《くわばら》 晃弥《てるや》

1956年、広島県生まれ。経済・経営ジャーナリスト。慶應義塾大学卒。業界紙記者などを経てフリージャーナリストとして独立。トヨタ式の普及で有名な若松義人氏の会社の顧問として、トヨタ式の実践現場や、大野耐一氏直系のトヨタマンを幅広く取材、トヨタ式の書籍やテキストなどの制作を主導した。一方でスティーブ・ジョブズやジェフ・ベゾスなどのIT企業の創業者や、本田宗一郎、松下幸之助など成功した起業家の研究をライフワークとし、人材育成から成功法まで鋭い発信を続けている。著書に『人間関係の悩みを消す　アドラーの言葉』『自分を活かし成果を出す　ドラッカーの言葉』（ともにリベラル社）、『スティーブ・ジョブズ名語録』（PHP研究所）、『トヨタ式「すぐやる人」になれる8つのすごい！仕事術』（笠倉出版社）、『ウォーレン・バフェット』（朝日新聞出版）、『トヨタ式5W1H思考』（KADOKAWA）、『1分間アドラー』（SBクリエイティブ）、『amazonの哲学』（だいわ文庫）などがある。

イラスト　宮島亜希
デザイン　宮下ヨシヲ（サイフォン・グラフィカ）
DTP　22plus-design・尾本卓弥（リベラル社）
編集人　安永敏史（リベラル社）
編集　木田秀和（リベラル社）
営業　津田滋春（リベラル社）
広報マネジメント　伊藤光恵（リベラル社）
制作・営業コーディネーター　仲野進（リベラル社）

編集部　中村彩・藤本佳奈
営業部　津村卓・澤順二・廣田修・青木ちはる・竹本健志・持丸孝

批判されても己の道をゆく　**落合博満の言葉**

2024年5月27日　初版発行
2024年8月20日　2版発行

著　者　桑原　晃弥
発行者　隅田　直樹
発行所　株式会社 リベラル社
〒460-0008　名古屋市中区栄3-7-9　新鏡栄ビル8F
TEL 052-261-9101　FAX 052-261-9134
http://liberalsya.com
発　売　株式会社 星雲社（共同出版社・流通責任出版社）
〒112-0005　東京都文京区水道1-3-30
TEL 03-3868-3275
印刷・製本所　モリモト印刷株式会社

 ISBN978-4-434-33946-2　C0095
 109001

桑原晃弥の好評既刊

圧倒的な力で世界を切り拓く　大谷翔平の言葉

投打“二刀流”という前人未到の武器で大リーグの記録を更新し続ける大谷翔平。その並外れた力の源泉はどこにあるのか？　日本人だけでなく、世界中の野球ファンを魅了する大谷流の思考法を数々の名言と共に解説します。

桑原晃弥の好評既刊

自分らしい生き方を貫く 樹木希林の言葉
「唯一無二」の名女優に学ぶ、自分らしく生きる秘訣

「自分らしい花」を咲かせる 渡辺和子の言葉
ベストセラー作家に学ぶ、「自分らしい花」を咲かせる方法

自分を愛し胸を張って生きる 瀬戸内寂聴の言葉
明るく元気に人を励まし続けた名僧に学ぶ、優しさと元気の秘訣

「好奇心のかたまり」であり続ける 黒柳徹子の言葉
大人気テレビタレントに学ぶ、個性を伸ばす生き方

めげずに生きていく 佐藤愛子の言葉
波瀾万丈な人生を送った作家に学ぶ、前向きに生きる心構え

自由な生き方を創造する 美輪明宏の言葉
美を追求し続けた歌手が語る、人生の本質

プロフェッショナルを究める 志村けんの言葉
プロフェッショナルとしての矜持が感じられる言葉の数々

信念を貫き、粋な人生を歩め ビートたけしの言葉
多彩な才能を発揮するエンターテイナーの、胸に刺さる言葉

ありのままに、自分らしく生きる 岡本太郎の言葉
感性と情熱の芸術家に学ぶ、自分の決めた道を貫くための言葉

大局に立ち、ブレずに生きる 羽生善治の言葉
棋界を制した天才が語る、勝負の名言集